MARCO POLO

FLANDERN

ANTWERPEN, BRÜGGE, GENT

Reisen mit Insider Tipps

> An Flandern faszinieren mich sowohl die reiche alte Architektur und Kultur als auch die neuesten Trends in Design, Gastronomie oder Mode. Das Angebot an Ausstellungen, Konzerten, Tanzaufführungen und Shoppingmöglichkeiten ist gigantisch. Was will man mehr?

MARCO POLO Autor
Sven-Claude Bettinger
(siehe S. 130)

Spezielle News, Lesermeinungen und Angebote zu Flandern:
www.marcopolo.de/flandern

FLANDERN

> SYMBOLE

Insider Tipp **MARCO POLO INSIDER-TIPPS**
Von unserem Autor für Sie entdeckt

★ **MARCO POLO HIGHLIGHTS**
Alles, was Sie in Flandern kennen sollten

SCHÖNE AUSSICHT

WLAN-HOTSPOT

▶▶ **HIER TRIFFT SICH DIE SZENE**

> PREISKATEGORIEN

HOTELS

€€€ über 140 Euro
€€ 90–140 Euro
€ unter 90 Euro
Die Preise gelten für ein Doppelzimmer mit Frühstück

RESTAURANTS

€€€ über 50 Euro
€€ 30–50 Euro
€ unter 30 Euro
Die Preise gelten für ein dreigängiges Menü ohne Getränke

> KARTEN

[118 A1] Seitenzahlen und Koordinaten für den Reiseatlas Flandern

Karten zu Antwerpen, Brügge und Gent finden Sie im hinteren Umschlag

Zu Ihrer Orientierung sind auch die Orte mit Koordinaten versehen, die nicht im Reiseatlas eingetragen sind

INHALT

> SZENE

S. 12–15: Trends, Entdeckungen, Hotspots! Was wann wo in Flandern los ist, verrät der MARCO POLO Szeneautor vor Ort

> 24 STUNDEN

S. 96/97: Action pur und einmalige Erlebnisse in 24 Stunden! MARCO POLO hat für Sie einen außergewöhnlichen Tag in Antwerpen zusammengestellt

> LOW BUDGET

Viel erleben für wenig Geld! Wo Sie zu kleinen Preisen etwas Besonderes genießen und tolle Schnäppchen machen können:

Sightseeing mit Rabatt für Hotelgäste in Brügge S. 42 | Frische Suppe in Gent S. 53 | Gratiskonzerte auf der Grand' Place in Brüssel S. 64 | Preiswert schlafen und essen im Zeemanshuis in Antwerpen S. 81 | Kostenloser Fahrradverleih in Tongeren S. 89

> GUT ZU WISSEN

Was war wann? S. 10 | Spezialitäten S. 26 | Blogs & Podcasts S. 39 | Lambic, Gueuze und Kriek S. 60 | Bücher & Filme S. 82 | www.marcopolo.de S. 106 | Was kostet wie viel? S. 107 | Wetter in Oostende S. 108

AUF DEM TITEL
Antwerpen: der alte Hafen im Wandel S. 74
Strandsegeln bei De Panne S. 101

ENTDECKEN SIE FLANDERN!

Unsere Top 15 führen Sie an die traumhaftesten Orte und zu den spannendsten Sehenswürdigkeiten

Die Highlights sind in der Karte auf dem hinteren Umschlag eingetragen

1 Begijnhof Ten Wijngaarde
Noch heute ist der beschauliche Beginenhof in Brügge ein Hort der Frömmigkeit (Seite 32)

2 Belfort en Hallen
Herrisches Zeugnis städtischer Macht in Brügge – mit süß klingendem Glockenspiel und himmlischer Aussicht (Seite 32)

3 Onze-Lieve-Vrouwekerk
Allein Michelangelos Madonna mit Kind ist einen Besuch der Liebfrauenkirche in Brügge wert (Seite 34)

4 Lakenhal
Keine andere flämische Tuchhalle war so groß und prachtvoll wie die in Ieper (Seite 41)

5 Gravensteen
In der düsteren Burg in Gent regierten die mächtigen Grafen von Flandern (Seite 49)

6 Sint-Baafskathedraal
Die Genter Kathedrale mit dem weltberühmten Altar präsentiert sich prächtig eklektisch (Seite 50)

7 S.M.A.K.
Joseph Beuys und andere Künstler schenkten dem tonangebenden Museum in Gent Werke (Seite 50)

8 Grand' Place
Das prunkvolle spätgotische Rathaus und die üppigen barocken Zunfthäuser zeugen vom Reichtum Brüssels (Seite 58)

> DIE BESTEN MARCO POLO HIGHLIGHTS

9 Musées Royaux des Beaux-Arts de Belgique
In Brüssel lockt Belgiens größtes Museum mit Meisterwerken weltbekannter Maler wie Hieronymus Bosch, Pieter Bruegel d. Ä. und Peter Paul Rubens (Seite 59)

10 Stadhuis
Leuvens Rathaus ist mehr als ein steingewordener Reliquienschrein – es kündet von Macht und Stolz der Städter (Seite 62)

11 ModeNatie
Ausstellungen, Avantgardeprojekte und faszinierende Architektur: Schule, Showroom und Museum der Antwerpener Modeschöpfer unter einem schönen Dach (Seite 70)

12 Onze-Lieve-Vrouwekathedraal
In Antwerpen lässt Flanderns größtes Gotteshaus Glocken und Orgeln klingen (Seite 71)

13 Rubenshuis
Das Antwerpener Renaissancepalais zeigt die private Seite des großen flämischen Malers Peter Paul Rubens (Seite 72)

14 Abdij van Averbode
Der traumhafte barockzeitliche Komplex ist Flanderns schönste Abtei (Seite 83)

15 Gallo-Romeins Museum
Das Museum in Flanderns ältester Stadt Tongeren präsentiert Schätze aus der Zeit der Kelten, Römer und Germanen (Seite 89)

Kanal bei Damme

AUFTAKT

> Flandern war in alten Zeiten und ist auch heute eine der reichsten Regionen Europas. Das illustrieren die prächtigen Rathäuser, Belfriede und Tuchhallen, Kirchen und Beginenhöfe. Die Museen quellen geradezu über von golddurchwirkten Tapisserien, geschnitzten Altären und kostbaren Gemälden. Ebenso faszinierend sind die abwechslungsreichen Landschaften, die zum Aktivurlaub einladen. Farbenprächtige Feste und Märkte, köstliche Speisen und starke Biere machen den Aufenthalt zum Genuss. Und auch wer Design und Mode, Comics, Popmusik, Tanz oder Theater liebt, kann in Flandern auf spannende Entdeckungsreise gehen.

> Flandern. Kaum fällt der Name von Belgiens nördlichem Landesteil, da tauchen deutliche Vorstellungen auf: Städte mit prächtigen Rathäusern, imposanten Glockentürmen – den Belfrieden, niederländisch *belforts* –, mächtigen Kirchtürmen, beschaulichen Beginenhöfen und lebhaften Marktplätzen. Museen voller Meisterwerke von Künstlern wie Hans Memling, Hubert und Jan van Eyck, Peter Paul Rubens und Anthonis van Dyck. Eine Küste, wo Gastfreundschaft das zuweilen miese Wetter ausgleicht. Dazu romanisch angehauchte, überschäumende Lebenslust, die sich in farbenprächtigen Umzügen, ausgelassenen Festen und kulinarischen Genüssen äußert.

Bei näherem Hinsehen fallen dann die Kontraste auf: zwischen Städten und Landschaften, Alt und Neu. Schon der Begriff Flandern führt ein wenig in die Irre: Erst im 19. Jh. setzte er sich zur Umschreibung der ganzen Region durch. Historisch umfasst er ein Stück der alten Grafschaft Flandern im Westen, ein Stück des früheren Herzogtums Brabant in der Mitte und einen Flickenteppich der ehemaligen Fürstentümer Lüttich, Limburg und Loon im Osten. Dennoch trotzten überall reiche Bürger den adligen Herren weitreichende Freiheitsrechte für ihre mächtigen Städte ab. Geblieben ist davon bis heute eine ausgeprägte lokale Sichtweise. Levantinische Diamantenhändler in Antwerpen, Touristenmassen in Brügge, Studenten aus aller Welt in Leuven hin oder her – Flamen sind *honkvast,* Kinder ihrer Stadt oder ihres Dorfes.

> *Lebhafte Marktplätze und alte Meisterwerke*

Aus Landschaft und Natur machen sich die Flamen wenig. In ihren Gärten dulden sie nur selten Bäume. An der Küste ragen triste Apartmentblöcke auf, und die letzten Dünen zwi-

Nordseeidyll mit Streifen: Ein klarer Sommertag am Sandstrand von De Haan

schen den Badeorten fallen von Weitem gar nicht mehr auf. Immer weiter fressen sich Neubauviertel und Campingplätze in die Polderlandschaft, die Autos verpesten die Luft. Mit dem Wirtschaftswunder der Nachkriegszeit wurde Flandern zusehends zersiedelt. In den Außenbezirken und Vororten der historischen Städte reihen sich an breiten Schnellstraßen Supermärkte, Niederlassungen großer Handelsketten, Autowerkstätten, kleine Fabriken. Das ähnelt der amerikanischen Provinz. Wie die Industriellen der Gründerzeit bauen sich die Fabrikanten von heute ihre protzigen Villen mit mehreren Garagen neben den Betrieb. Berühmt ist der „Teppichboden-Boulevard" an der Autobahn Gent–Kortrijk. Pfiffige Unternehmer erfanden eine neue Webtechnik und eroberten damit die Weltmärkte. Ihren Reichtum stellen sie ungeniert zur Schau: Kortrijk wartet mit vielen Luxusboutiquen auf, beim Pferderennen *Waregem Koerse* wird Ascot nachgeahmt. Ein paar Kilometer weiter rümpfen Flamen und Auswärtige besonders bei warmem Wetter die Nase: *Het stänkt,* man riecht die Massenzucht von Geflügel, Schweinen und Kälbern, die Herstellung von Futtermitteln, die Verarbeitung von Mist und die Gülle in den Gewässern.

Allem Profitstreben und Laisser-faire zum Trotz gibt es in Flandern aber noch liebenswerte Fleckchen. Bei Knokke erstreckt sich das Zwin, ein sandiges Naturschutzgebiet, in dem zahlreiche Vögel brüten. Daran

> In Flandern gibt es noch liebenswerte Fleckchen

schließt sich eine romantische Polderlandschaft an, die schmale Kanäle und Sträßchen mit Kopfsteinpflaster durchziehen. Die Westhoek zwischen den monumentalen Städten Ieper und Veurne vermittelt ein Gefühl der Weite, aus der geradezu majestätisch der Kemmelberg aufragt. Doch stimmt die Gegend auch nachdenklich: Zahllose Soldatenfriedhöfe, vom imperialen englischen Tyne Cot bis zum deutschen von Vladslo, mahnen an Millionen Gefallene des Ersten Weltkriegs. Das Verdronken Land van Saeftinghe, ein Wattgebiet im Schatten der Raffinerien, Chemiewerke und Kernkraftwerke im Antwerpener Hafen, offenbart die herbe Poesie des *plat pays,* das Jacques Brel in einem berühmten Chanson besang. Südlich von Gent liegen die lieblichen Auen und Laubwälder um die Künstlerkolonie Sint-Martens-

WAS WAR WANN?

Geschichtstabelle

862 Die Grafschaft Flandern entsteht (1056 französisches Lehen)

1106 Die Grafen von Leuven werden Herzöge von Brabant (deutsches Lehen)

1390 Brabant kommt durch Erbfolge zum Herzogtum Burgund

1435 Burgund erhält die Grafschaft Flandern. Kulturelle Blüte

1500 Geburt Karls V. in Gent. Brüssel wird Hauptstadt

1555 Philipp II. erbt Spanien und die Niederlande. Kampf gegen die Calvinisten, besonders in Antwerpen und Gent. 1585 Fall Antwerpens, Teilung der Niederlande

1713 Spanische Niederlande werden österreichisch

1795 Österreichische Niederlande von Frankreich annektiert

1815 Königreich der Vereinigten Niederlande

1830 Revolution, Belgien wird unabhängiges Königreich

1840 Entstehung der Flämischen Bewegung, Beginn des Sprachenstreits

1914–18 Deutsche Besetzung Belgiens, flämische Aktivisten kollaborieren in der Hoffnung auf einen eigenen Staat

1940–44 Deutsche Besetzung Belgiens, flämische Nationalisten kollaborieren

1962 Festlegung der Sprachengrenze

1970 Die Umgestaltung des belgischen Zentralstaats zum Bundesstaat beginnt

2010 Bei vorgezogenen Parlamentswahlen wird die separatistische Partei NV-A stärkste Kraft in Flandern

Latem, im östlichen Haspengau blühende Obstgärten und hier und da sogar Weinberge um hübsche Schlösser herum.

Nicht nur Flanderns Städte und Landschaften, auch Gebräuche und Lebensweisen sorgen für Kontraste. Mitten im modernen Wirtschaftsleben bleiben alte Traditionen lebendig. In Brügge sorgt die Heiligblutprozession für intensive Momente, weltliche Feste wie die *Gentse Feesten* in Gent oder der Karneval in Limburg bringen ganze Gemeinschaften auf die Beine. In den Dörfern züchten Alt und Jung eifrig Brieftauben. Samstags werden sie in Lastwagen weit nach Frankreich gebracht, am Sonntag fliegen sie um die Wette zurück nach Hause. Eine andere beliebte Freizeitbeschäftigung ist der Radsport. Auch über die Leistungen der *flandriens,* der flämischen Radrennfahrer, wird ausgiebig an den Tresen diskutiert, wobei das Starkbier aus den örtlichen Brauereien in Strömen fließt.

Flandern bietet auch aufregende Avantgarde. Die Pop- und Rockszene bringt jedes Jahr neue Gruppen hervor, die oft den Weg zur internationalen Spitze schaffen. Festivals wie *Rock Werchter* bringen einheimischen Nachwuchs und internationale Stars zusammen. Antwerpens quirliges Nachtleben zieht am Wochenende viele Holländer an, in die Megadiskos bei Kortrijk strömen junge Franzosen aus dem benachbarten Großraum Lille. Seit die „Antwerp Six“ auf der Londoner Modemesse 1986 Furore machten, gehören ihre Kreationen fest zu Antwerpen und zu den Modenschauen von Mailand, New York und Paris. Scharen japanischer Touristen strömen in Modemuseum und -institut und in die Boutiquen von Ann Demeulemeester oder Dries Van Noten. Ebenso hat sich Kortrijk mit bildende Kunst ein Exportschlager. Wie einst die vornehmen Patrizier sammeln auch Flanderns Neureiche eifrig, und längst nicht nur Einheimisches von Panamarenko oder Luc Tuymans. So merkwürdig es klingen mag: Gerade auf den künstlerischen

Kortrijk ist eine Wallfahrtsstätte für Liebhaber modernen Designs

seiner *Biennale Interieur* zur Wallfahrtsstätte der Designer und Liebhaber von modernen Designmöbeln und -objekten gemausert.

> Kulturlandschaft und aufregende Avantgarde

Ausdruckstanz und experimentelles Theater gedeihen ebenfalls vorzüglich in der alten Städtelandschaft. Nicht weniger ist die zeitgenössische und kulturellen Fortschritt wirkt sich die lokale Sichtweise segensreich aus. Jede Stadt, die auf sich hält, baut ihr Theater, Kunstmuseum, Kultur- oder Musikzentrum – nicht zuletzt auch zur Freude der Besucher. Sie entdecken in Kleinstädten Schätze und Talent, auch wenn die echte Szene in den Metropolen Antwerpen und Gent zu finden ist. Erkunden Sie die alte Kulturlandschaft, und versäumen Sie auf keinen Fall die Avantgarde!

TREND GUIDE FLANDERN

Die heißesten Entdeckungen und Hotspots! Unser Szene-Scout zeigt Ihnen, was angesagt ist

Julian Ide
studiert an der Freien Universität Berlin Niederlandistik und Politikwissenschaften – daher rührt auch sein Interesse für Flandern. Unser Szene-Scout steht auf Gent, Antwerpen und Leuven, weil man nirgendwo besser shoppen kann. In Antwerpen sucht er in Bars, Clubs und auf Konzerten neuen Szene-Input. Außerdem liebt er das Gefühl, das Meer direkt um die Ecke zu haben.

COMIC FÜR ALLE LEBENSLAGEN

Im Bilderrausch

Comics machen vor nichts mehr Halt. Im Geburtsland von Tim und Struppi ist man so verrückt nach den Strips, dass Comicfans mittlerweile fast alles mit den bunten Bildern verzieren – von Hauswänden *(Comic-Strip Walk, genaue Route unter www.brusselsinternatinal.be,* Foto*)* bis hin zu Heißluftballonen. In Temse schweben Comicfiguren durch die Luft – *Flying Comics* macht's möglich *(www.flyingcomics.be)*. Auch ein U-Bahnhof dient Zeichnern als Plattform. In Brüssel in der *Metrostation Stockel* verschönern Bilder die Wände. Für alle, die Comics lieber auf die herkömmliche Art – als Heft bzw. Buch – genießen: Im *Mekanik Comic Shop* decken Interessierte sich mit amerikanischen Underground Comics und mit *Suske & Wiske*-Bänden ein. Die Kultstorys von Willy Vandersteen sind nach wie vor heiß begehrt *(Sint-Jacobsmarkt 73, Antwerpen, www.ximeralabs.com/mekanik)*.

SZENE

▸▸ ENDORPHIN-PRALINEN

Sechs Gramm reinstes Vergnügen

Chocolatiers schaffen ein neues Luxusgut: außergewöhnliche Pralinen. Bei Pierre Marcolinis Kreationen lenken weder Form noch Verzierungen vom eigentlichen Geschmack ab, den Marcolini in seiner reinsten Form einzufangen versucht. So reagieren Gourmets wahrhaft verzückt, wenn sie die Pralinen mit dem seltenen schwarzen Sarawak-Pfeffer aus Nordborneo probieren *(Avenue Louise 75M, Brüssel, www.marcolini.be,* Foto*)*. Frederic Blondeel liebt die Extreme, seine Pralinen mit Koriander oder Wasabi haben teilweise die Form von Schildkröten und Bärchen *(Quai aux Briques 24, Brüssel, www.frederic-blondeel.com)*. Der Rockstar seiner Zunft: Schock-O-Latier Dominique Persoone. Er kombiniert z. B. Tomatenchutney mit 64-prozentiger Costa-Rica-Schokolade *(The Chocolate Line, Simon Stevinplein 19, Brügge, www.dominiquepersoone.be)*.

▸▸ SEILHÜPFEN²

Rope Skipping

Wenn vier Mann durch zwei Seile springen, dabei Saltos, Handstände und Liegestützen machen, dann ist das nicht Seilhüpfen, sondern *Rope Skipping* – und Profisport. Wie das geht, zeigen Teams wie *Oxycrew* aus Antwerpen *(www.myspace.com/Oxycrew411)* oder die *DDFC Crew*, die nicht einfach nur hüpfen, sondern zu Musik eine Choreografie einstudieren. Das zeigen sie auch in einem Musikvideo des Schweizer House-DJs Yves Larock *(www.ddfcrew.be)*. Die Crew ist die Showgruppe von *Planet Jump Rope*, einer Organisation aus *Rope Skippern*, die z. B. den *Speed Contest* – Seilhüpfen in Hochgeschwindigkeit – veranstalten *(www.pjr.be,* Foto*)*. Die Belgische *Rope Skipping Federation* organisiert Wettkämpfe *(Leopoldstraat 25 glv Mechelen, Antwerpen, www.brsf.info)*.

FILMREIF

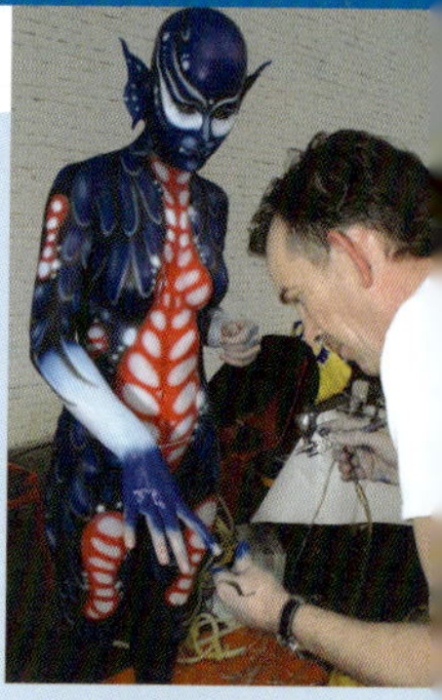

Movie Mania

Cineasten strömen auf die Filmfestivals und machen die Region so zum Filmhotspot. Auf dem *Filmfestival van Vlaanderen* in Gent wird der Fokus besonders auf die Filmmusik gerichtet. Die Verleihung des *World Soundtrack Award* ist unter Kennern der Höhepunkt *(www.filmfestival.be)*. Auf dem *International Fantastic Film Festival* tummeln sich die Fans auf dem *Vampire's Ball* oder dem *Zombie Day*. Highlight: der *International Bodypainting Contest (Havenlaan 86c Avenue du Port, Brüssel, www.bifff.org,* Foto*)*. Programmkino gibt's im *Cartoon's Cinema (Kaasstraat 4–6, Antwerpen, www.cartoons-cinema.be)*.

KOMPROMISSLOS

Die neue Fashion-Avantgarde

Flanderns Modemaxime: schnörkellos, geradlinig und straight. Jungdesigner wie Raf Simons reduzieren ihre Designs auf das Nötigste. Der Exzentriker schickt Männermodels mit übergroßen Sakkos, kurzen Shorts und zarten weißen Blusen über den Laufsteg. Seine androgyne Mode gibt's z. B. im *Houben (Steenhouwersvest 46, Antwerpen, www.rafsimons.be)*. Aktueller Shootingstar: Stephan Schneider *(www.stephanschneider.be)*, der in Japan als der nächste Helmut Lang gehandelt wird. Die Entwürfe sind radikal einfach und schon fast farblos, wie z. B. graue Hemdblusenkleider. Die besten Avantgarde-Designer shoppt man im *Stijl (Dansaertstraat 74, Brüssel)*. Weiterer Einkaufstipp: *Kledingzaak Wim Neels (Oever 28, Antwerpen)*

ROLLENSPIELE

Von wegen alter Hut

Rollschuhe und Inliner sind längst out? Nicht in Flandern! Die Skates sind gefragter denn je. Jährliches Highlight ist die belgische Rollerparade. Bei dem Riesenevent werden die Straßen von Hasselt, Antwerpen, Brüssel und Koksijde zu Skateparcours. Selbst die Polizisten rollen mit *(www.belgiumrollers.com)*. Mehr Action gibt's beim *Vlaamse Rollerbond*. Akrobatik oder doch lieber Speedskating? Hier sind für jede Sparte die besten Teams zu finden *(Leuvenselaan 467/14, Tienen, www.rollerbond.be)*. Artistisch: *RC Hermes*. Die Showskating-Gruppe aus Zele zeigt Akrobatik auf Rollen *(www.rchermes.be)*.

WOHNWÜRFEL

Leben im Quadrat

Bauklötze sind die Inspiration der modernen Architektur. Die Meister am Reißbrett präsentieren Bauten mit Ecken und Kanten ohne Spielerei. Pieter Peerlings und Silvia Mertens haben in einer 2,40 m breiten Häuserlücke ein Gebäude aus vier übereinandergestapelten gläsernen Kästen geschaffen *(Smalste Woning van Antwerpen, Huikstraat 47, Antwerpen, http://users.telenet.be/sculpit)*. Vom Himmel gefallen! So wirkt der überdimensionale Würfel von Dierendonck Blancke, der auf einer Wiese in Maldegem neben einer alten Kirche steht *(Nederkouter 111, Gent, www.dierendonck blancke.eu)*. Rechteckige Formen ziehen sich wie ein roter Faden durch die Arbeiten des Architekten Bart Coenen. Bestes Beispiel: das Würfel-Wohnhaus in Nijlen *(Kruikstraat 24, Antwerpen, www.bartcoenen.be)*. *Crepain Binst* setzen auf kühle Materialien und kombinieren sie mit witzigen Details wie Strichmännchen *(www.crepainbinst.be,* Foto*)*.

LAID-BACK

Relaxte Beats

Die Musiker mixen unterschiedlichste Sounds und Styles mit relaxten Beats und kreieren daraus einen neuen, eigenen Stil, wie es ihn nur in Flandern gibt. Dieser klingt lässig und animiert sofort zum mitgroovên. Die Antwerpener Producer *Padmo* und *Weedy* nennen sich als Band *40 winks* und experimentieren mit den Genres: Sounds von *Kraftwerk* oder *DJ Shadow* beeinflussen sie genauso wie Funk und Blues *(www.40winksmusic.com,* Foto*)*. Ähnlich wie der Rapper *Baloji*. Er nimmt französische Texte und kombiniert sie mit dicken Beats und Elementen aus Jazz, Reggae und sogar Gospel *(www.baloji.com)*. Liveauftritte gibt's z. B. in der *Koninklijke Vlaamse Schouwburg (Arduinkaai 7, Brüssel, www.kvs.be)*. Der Musikstil von MC, Producer und DJ Dyno passt perfekt zu einem Drink zu später Stunde *(www.citywurl.com/dyno)*.

> AUSTERN, BEGINEN UND SPRACHENSTREIT

Überlieferte Traditionen und moderne Trends halten sich in Flandern die Waage

AUSTERN & MIESMUSCHELN

Schalentiere gehören zur flämischen Alltagskost. Die meisten werden importiert, zusehends kommen jedoch auch einheimische auf den Markt. In der *Spuikom* hinter dem Hafen von Oostende – einem weiten Becken zwischen Hafen, Kanälen und Poldern mit einer besonderen Mischung von Meer- und Süßwasser – gedeihen inzwischen wieder die fabelhaften Austern, die bereits um 1900 als *Ostendaises* geschätzt wurden. Besondere Algen färben sie grünlich. Vor Nieuwpoort und Knokke wachsen an Gestellen mit langen Stahldrähten Miesmuscheln erster Qualität: Fleischig sind sie und schön salzig. Auch hier steigt die Produktion von Jahr zu Jahr. Am Erfolg beteiligt sind die Experten des *Vlaams Instituut voor de*

Bild: Begijnhof Ten Wijngaarde in Brügge

STICH WORTE

Zeevisserij in Oostende, die derzeit über weiteren Zuchtprojekten brüten.

AUTOS

Vor dem Zweiten Weltkrieg wurde in Antwerpen eines der schicksten und teuersten Autos der Welt gebaut, das im gleichen Atemzug mit Rolls-Royce genannt wurde: der Minerva. Die Marke blieb nicht bestehen, wohl jedoch die Autoindustrie. Ford, Opel, Renault und Volvo bauten große Fabriken in Flandern. Jetzt knüpfen Flamen wieder an die Tradition an. Dirk van Braeckel arbeitete sich bei Audi hoch, verpasste dann Škoda ein neues Gesicht und stylt jetzt die aufregenden, neuen Luxuskarrossen von Bentley. Luc Donckerwolke hat ebenfalls bei Audi und Škoda angefangen, dann die Linie bei Lamborghini bestimmt, um jetzt Seat sportlich zu trimmen. Steven Crijns schneidert die Karosserien bei Lotus, Lowie Vermeerscht leitet die Designabteilung von Pininfarina.

BEGINEN

Um 1170 gründete Maria von Oignies in Lüttich die erste Beginengemeinschaft. Die Mystikerinnen aus der gesellschaftlichen Oberschicht legten, im Unterschied zu den Nonnen, nur die Gelübde des Gehorsams und der Keuschheit ab. Die Beginen verfügten frei über ihr Vermögen und wählten die „Große Dame" genannte Leiterin, die Rechenschaft schuldig war und abgewählt werden konnte. Auch die Geistlichen wählten sie nach Gutdünken. Die emanzipierten, karitativ tätigen Frauen hatten ihre eigene Gerichtsbarkeit und konnten die Gemeinschaft auch wieder verlassen. Im 20. Jh. starb die Bewegung aus. Geblieben sind die beschaulichen Beginenhöfe, Siedlungen oder kleine Städte in der Stadt, die meistens aus dem 18. Jh. stammen und zum Welterbe der Unesco gehören.

B. V.

Bekende Vlamingen, bekannte Flamen, bedeutet die geläufige Abkürzung. Bekannt ist, wer regelmäßig in einer der vielen flämischen Soaps und Shows und insbesondere in *praatprogramma's* (Gesprächssendungen) im Fernsehen auftritt. Das sind zunächst natürlich die Moderatoren und Moderatorinnen der Sendungen. Und dann Popsänger, Politiker, Schauspieler, Sportler, Chirurgen, Krimiautoren und Professoren, kurzum alle, die irgendeine mehr oder minder wichtige Stellung in der Gesellschaft haben und flott über Sex, Geld und Erfolg reden. Die unbekannten Flamen dürfen das nach Herzenslust im Radio tun. Wobei es keinen Unterschied zwischen öffentlich-rechtlichen (VRT) und Kommerzsendern (VTM) gibt. *Ik kwek, dus ik ben* – ich quassele, also bin ich –, kommentierte einmal eine kritische Kolumnistin. Schließlich haben Flamen weltweit den höchsten Pro-Kopf-Konsum an solchen Sendungen, 70 Prozent se-

Zeichen flämischer Wirtschaftskraft: riesige Kräne im Hafen von Antwerpen

hen bzw. hören sie täglich, im Durchschnitt zweieinhalb Stunden lang!

FÖDERALISMUS

Das 1830 entstandene Königreich Belgien war ein Zentralstaat wie Frankreich. Es zählte als untergeordnete Verwaltungseinheiten neun Provinzen, mit den französischen *départements* vergleichbar. Seit 1970 wird das Königreich schrittweise zu einem Bundesstaat umgebaut. Es gibt vier Regionen (in etwa Bundesländern oder Kantonen entsprechend) mit direkt gewählten Parlamenten und mit Regionalregierungen: Brüssel, das Deutschsprachige Gebiet, Flandern und Wallonien. Flandern hat fünf Provinzen: Antwerpen, Flämisch-Brabant (Hauptstadt: Leuven), Limburg (Hasselt), Ostflandern (Gent) und Westflandern (Brügge).

NEUREICH

Im 19. Jh. war Flandern eine arme, ländlich geprägte Region. Zahlreiche Flamen arbeiteten als Gastarbeiter in den wallonischen Kohlegruben oder als Saisonarbeiter in der nordfranzösischen Landwirtschaft. Legendär waren die flämischen Dienstmädchen und Putzfrauen, Bäcker und Metzger in Brüssel. Das änderte sich in den 1960er-Jahren. In Wallonien wurden alle Zechen stillgelegt und viele Stahlwerke geschlossen. In Flandern hingegen wurden die Häfen Antwerpen, Gent und Zeebrugge stark ausgebaut. Dort siedelten sich große Firmen wie BASF und Opel an. Fleißige Flamen gründeten kleine Unternehmen. Die Region blühte auf – so sehr, dass Arbeitskräfte aus Marokko und der Türkei angeworben werden mussten. Den neuen Reichtum präsentieren die Flamen selbstbewusst mit ihren Häusern und Villen, Autos und Yachten, Golfplätzen und Spitzenrestaurants.

POLYFONIE

Vom 14. bis zum 16. Jh. prägten die frankoflämischen Polyfonisten Europas musikalischen Stil. Ausgebildet wurden sie an den Kathedralen von Antwerpen, Brügge und Cambrai. Josquin Desprez, Adriaan Willaert und Orlando di Lasso machten mit ihren neuen, virtuosen mehrstimmigen Kompositionen Karriere an den Höfen von London bis Neapel. Zu den Höhepunkten gehören Orlando di Lassos „Tränen Petri“ und seine Vertonungen von Petrarca-Gedichten. Seit 1964 bringt das *Festival Musica antiqua* in Brügge diese Musik zu Gehör und dank des internationalen Wettbewerbs immerzu neue, junge Interpreten aus aller Welt hervor. Der absolute Star ist Paul van Nevel mit seinem kristallklar singenden *Huelgas Ensemble.* Regelmäßig entdeckt der Flame in Archiven neue Partituren, oft von in Vergessenheit geratenen Polyfonisten.

SPRACHENSTREIT

Die offizielle Sprache im Königreich Belgien war Französisch – auch in Flandern. Flämischen Lehrern und Kaplänen war das ein Dorn im Auge. Sie gründeten 1840 die Flämische Bewegung und verlangten die Anerkennung und Förderung der Mutter-

Sprachenstreit? Zumindest bei einem Kaffee an der Graslei in Gent ist er unsichtbar

sprache. Schließlich lebten schon damals im Königreich mehr Flamen als Frankofone. Je stärker sich die Demokratie durchsetzte – 1918 bekamen alle volljährigen Männer das allgemeine Wahlrecht, 1948 auch die Frauen –, desto mehr setzte sich Niederländisch in allen Bereichen des öffentlichen Lebens in Flandern durch. 1962 wurde die von alters her bestehende Sprachengrenze zwischen Flandern und dem frankofonen Teil Belgiens gesetzlich festgelegt. Brüssel und sechs Villenvororte, in denen überwiegend Französisch gesprochen wird, wurden offiziell zweisprachig. In ein paar Dörfern und Kleinstädten an der Sprachengrenze (zum Beispiel Ronse in Ostflandern oder Enghien im Hennegau) kann die jeweilige Minderheit im Verkehr mit den Behörden oder im Unterricht die Muttersprache verwenden. Besucher werden feststellen, dass die Belgier im Alltag flexibel sind. Flamen werden in den Ardennen mühelos in ihrer Sprache bedient, Wallonen an der Küste auf Französisch.

TAALUNIE

Seit 1980 bilden Flandern und die Niederlande eine „Niederländische Sprachenunion“. In einem bilateralen Vertrag einigten sie sich darauf, alle Fragen zur gemeinsamen Hochsprache Niederländisch auch gemeinsam zu regeln. 2003 trat die Republik Suriname der Taalunie bei. Namhafte Sprachwissenschaftler erkennen neue Begriffe an und erarbeiten Regeln, die das Parlament gesetzlich verankert und deren Einhaltung ein Generalsekretariat (mit Sitz in Den Haag) überwacht.

Dennoch fällt auf, dass sich Flandern und die Niederlande unter dem Einfluss der modernen Medien sprachlich auseinanderentwickeln. In Flandern wird immer häufiger wieder Dialekt gesprochen, in den Niederlanden macht sich ein stark amerikanisch gefärbtes Holländisch breit. Flämische Filme und Fernsehserien bekommen inzwischen Untertitel, wenn sie in den Niederlanden ausgestrahlt werden.

TANZ & THEATER

Flämische Choreografen und Regisseure sind angesagt und jetten um den Globus. Jan Fabre, auch als bildender Künstler höchst erfolgreich, ist der absolute Star. Alain Platel und Wim Vandekeybus gehören zu den Topchoreografen – wie Anne Teresa De Keersmaeker, die in ihrer Tanzschule *P.A.R.T.S.* auch den Nachwuchs ausbildet. Zu den größten neuen Talenten zählt Sidi Larbi Cherkaoui. Guy Cassiers, Leiter von *Het Toneelhuis* in Antwerpen, und Jan Lauwers mit seiner *Needcompany* sind Lieblinge der internationalen Theaterfestivals. Um Inszenierungen von Guy Joosten und Ivo van Hove reißen sich die tonangebenden Opernhäuser der Welt. Luk Perceval ist seit 2005 Hausregisseur der Schaubühne am Lehniner Platz in Berlin. Der gefeierte Autor heißt Tom Lanoye (u. a. *Festung Europa, Mephisto forever, Schlachten!*).

VLAAMS BELANG

1978 gründete eine Handvoll rechtsextremistischer Flamen die Partei *Vlaams Blok*. Geführt wurde sie von Kollaborateuren des Zweiten Weltkriegs oder ihren Kindern. Die Slogans waren eindeutig: „Flandern flämisch!", womit die Ausrufung einer unabhängigen Republik gemeint ist. Und: „Ausländer raus!" Aufrufe zu Rassismus führten 2004 zur Verurteilung durch den Obersten Gerichtshof. Die Partei änderte nur ihren Namen ab *(Vlaams Belang)* und erzielte bei den Regionalwahlen 2004 ihr bestes Ergebnis, 24 Prozent. Ein rassistisch motivierter Mord eines Sympathisanten schreckte die Öffentlichkeit auf. Bei den Parlamentswahlen 2010 fiel *Vlaams Belang* auf 12 Prozent zurück.

KUNST UND MUSIK NONSTOP

Festivals, Messen, Prozessionen: In Flandern ist immer und überall etwas los

FEIERTAGE

1. Jan. *(Neujahr);* **Ostermontag; 1. Mai** *(Tag der Arbeit);* **Christi Himmelfahrt; Pfingstmontag; 21. Juli** *(belgischer Nationalfeiertag);* **15. Aug.** *(Mariä Himmelfahrt);* **1. Nov.** *(Allerheiligen);* **11. Nov.** *(Waffenstillstand 1918);* **25. und 26. Dez.** *(Weihnachten)*

FESTE UND VERANSTALTUNGEN

Januar

Brafa: An Belgiens schicker Top-Antiquitätenmesse in Brüssel (Tour et Taxis) nehmen auch die führenden flämischen Händler teil (Ende des Monats). *www.brafa.be*

Februar/März

Karneval: im ostflämischen Aalst mit zwei Umzügen, in der Provinz Limburg mit zahlreichen Bällen

April

Floralien: Traumhafte Arrangements der besten Blumenzüchter und -binder im ICC in Gent (alle fünf Jahre, nächste Schau 2015). *www.floralien.be*

Mai/Juni

Heilig-Blut-Prozession: Die angesehensten Bürger von Brügge tragen eine Reliquie durch die Stadt, mit farbenprächtiger Begleitung (Christi Himmelfahrt).

Juni

Rock Werchter: Tonangebendes Rock- und Popfestival mit vielen jungen Gruppen und Besuchern, läutet auf den Wiesen bei Leuven die Festivalsaison ein (letztes Wochenende). *www.rockwerchter.be*

Juli

Gentse Feesten: zehntägiges Volksfest in Gent mit viel Musik und Zechgelagen in allen Gaststätten und auf allen Plätzen der Stadt (Monatsmitte)
Sfinks Festival: Treff der besten Worldmusic im Park Boechout bei Antwerpen. *www.sfinks.be*

> EVENTS FESTE & MEHR

Juli/August

▶▶ *MAfestival:* Führendes Festival der Alten Musik in Brügge, Wettbewerb für Cembalo, Orgel und Ensembles (zehn Tage Anfang August). *www.mafestival.be*

Insider Tipp *Zomer van Antwerpen:* Moderner Tanz, poetischer Zirkus und leichte Musik am Scheldeufer (bis Ende August). *www.zva.be*

Juli–September

Zandskulpturenfestival in Blankenberge: monumentale Werke am Strand, jährlich mit einem anderen Thema

August

Jazz Middelheim: angesagtes Treffen im Skulpturenpark bei Antwerpen

Laus polyphoniae: Einwöchiges Festival der Alten Musik in der Antwerpener Augustinuskerk, das sich jeweils mit einem einzelnen Komponisten befasst (zweite Monatshälfte). *www.festivalvanvlaanderen-antwerpen.be*

Reiefeest in Brügge: Prächtig inszenierte Episoden aus Brügges Geschichte auf und an den Grachten und dem Burgplatz (alle drei Jahre: 2011, 2014 usw.). *www.reiefeest.be*

September

Open Monumentendag: Hunderte von Baudenkmälern sind öffentlich zugänglich, jährlich wechselnde Themen

Oktober

Biennale Interieur: Insider Tipp Messe für modernes Design in Kortrijk (Xpo), die Aussteller werden ausgewählt. Wettbewerb für junge Talente, Sonderausstellungen (in geraden Jahren, das nächste Mal 2012). *www.interieur.be*

November

Lineart: Führende Messe für moderne und zeitgenössische Kunst und Grafik in Gent (Flanders' Expo). *www.lineart.be*

Dezember

Kerststallen: Um Turnhout herum sind Weihnachtskrippen mit lebensgroßen Figuren zu sehen, oft mit echten Tieren.

> VON SCHLEMMERN UND PRASSERN

Flanderns Küche hält zahlreiche Köstlichkeiten bereit – von deftig bis elegant

> Wer kennt sie nicht, die üppigen Gemälde flämischer Meister, die vom Essen und Trinken erzählen? Jan Fyt und Frans Snijders glänzten mit Wildbret-Stillleben, Pieter Aertsen und Joachim Beuckelaer schufen sogar das Genre der Küchen- und Vorratskammerszenen.

Die Bruegel- und die Teniers-Dynastie verewigten unzählige Festmähler. Viel später erregte James Ensors „Austernesserin" Anstoß, weil sie sich so hemmungslos dem Genuss der Schalentiere hingibt. Auch wenn er nicht mehr gemalt wird: Der flämische Hang zur Lebensfreude ist ungebrochen. Zwar wird wochentags durchweg einfach und schnell gekocht und gegessen, aber am Wochenende wird aufgeholt. Die Restaurants sind ausgebucht, der Samstagabend im Freundeskreis und das Sonntagsmahl mit der Familie haben Tradition. Dann frühstücken manche Flamen auch zünftig mit gebratener

Bild: „Mechelse Koekoek"

ESSEN & TRINKEN

Blut- und Weißwurst, mit Speck, Rührei und Käse. Oder elegant mit Croissants und *pateekes* (Törtchen). Ebenfalls beliebt ist *krentenbrood,* ein lockeres Rosinenbrot, das mit frischer Landbutter bestrichen wird. Zum Wochenendritual gehört unbedingt ein Besuch in der Gaststätte – *café* genannt –, wo man beim Schwatz ein kräftiges Bier trinkt.

Besonders bei Familienfesten und an Feiertagen geht es hoch her. Dann erweisen sich die Flamen als echte *lekkerbekken,* Schleckermäuler. Wer auswärts essen geht, hat die Qual der Wahl vom einfachen *eetcafé* bis zum piekfeinen Sternerestaurant eines kreativen Küchenchefs. Kein Wunder, dass es gerade auch in Kleinstädten und auf dem Land viele Gourmettempel gibt, die mit einheimischen Produkten die Kunst der Haute Cuisine zelebrieren. Besonders hier gilt: Was gut ist, darf auch etwas kosten. Ein Tipp: Die meisten Sternerestaurants servieren mittags einen Lunch, der viel günstiger ausfällt als das abendliche Menü. Und das Menü ist immer viel preiswerter als drei Gänge à la carte.

Bereits der flüchtige Blick auf eine beliebige Speisekarte zeigt: Fisch und Fleisch halten sich die Waage. Täglich wird der Fang einheimischer Fischer zu den Spezialmärkten in Oostende, Nieuwpoort und Zeebrugge gebracht. Scholle, Seezunge und Garnelen kommen aus den eigenen Küstengewässern, Kabeljau, Schellfisch und Hering aus

> SPEZIALITÄTEN

Genießen Sie die typisch flämische Küche!

Asperges à la flamande – Spargel in geschmolzener Butter mit hart gekochten, gehackten Eiern und Petersilie

Cabillaud à la bière – Kabeljau, in Bier mit Speckstückchen gegart

Carbonnades flamandes – Rinder- oder Schweinegulasch, mit Gemüse in Bier geschmort (auch *stoofvlees* genannt)

Faisan à la brabançonne – gebratener Fasan mit geschmortem Chicoree

Garnaalkroketten – Rahmkroketten mit Nordseegarnelen, oft mit Petersilie ausgebacken

Hutsepot – Eintopf mit verschiedenen Fleisch- und Gemüsesorten

Konijn op z'n Vlaams – in Bier geschmortes Kaninchen, manchmal mit Backpflaumen oder Sauerkirschen

Mechelse Koekoek – feines Hühnchen, in Bier mit Räucherspeck geschmort oder in Sahnesauce mit Pilzen

Mosselen met frietjes – im Gemüsesud, manchmal mit Weißwein gegarte Miesmuscheln (Foto), dazu goldgelbe Pommes frites

Paling in 't groen – Aal in sämiger Petersiliensauce

Pens – Blutwurst oder Weißwurst, oft gegrillt, mit Apfelkompott und Kartoffelpüree

Rijstpap – Milchreisbrei mit Vanille, manchmal mit Safran oder Rosinen

Rog met kapertjes – Rochenflügel, in Butter gebraten und mit Kapern serviert

Schelvis in mosterdsaus – gedämpfter Schellfisch in Senfsauce

Sole meunière – in Butter gebratene Seezunge

Sole ostendaise – gedämpfte Seezunge in Sahnesauce mit Meeresfrüchten

Tomates crevettes – mit Garnelen gefüllte rohe Tomaten

Vleesballetjes met krieken – kleine Hackfleischklöße in Sauerkirschsauce

Waterzooi – Fisch oder Huhn, mit Gemüse und Sahne zu einer Suppe gegart

Witloof – Chicoree, gedünstet, gebraten oder mit Schinken und Käse überbacken

der hohen Nordsee. Muscheln und Austern werden aus Frankreich und Zeeland importiert, stammen jedoch zunehmend auch aus einheimischer Zucht. Für ausländische Gaumen besonders apart: Fisch oder Muscheln in Bier oder mit Käse.

Beliebte Fleischsorten sind Rind (die feinste Rasse ist das einheimische *Blanc-bleu belge*), Schwein, Pferd, Kaninchen und Huhn sowie die einheimischen Wildarten Ente, Hase und Fasan – auch sie werden oft in Bier geschmort. Dazu werden Kartoffeln serviert, von mehligen Salzkartoffeln über sahniges Püree bis zu knusprigen Kroketten und Pommes frites. Obwohl Flandern ein großer Produzent von Obst und Gemüse ist, kommt davon nur wenig auf den Tisch. Ausnahmen wie Spargel und Chicoree oder die himmlischen Léopold-Tafeltrauben aus den Gewächshäusern von Hoeilaart bestätigen die Regel: *Da 's voor de gâât,* Gemüse und Obst sind für Ziegen.

Zum guten Essen bevorzugen die Flamen traditionell Bordeaux-Weine. Doch der – beachtliche – Konsum von Wein liegt weit unter dem der einheimischen Biere. Zwar hat längst nicht mehr jedes Dorf seine eigene Brauerei, aber die Vielfalt ist größer als in anderen Ländern. Pils, *kriek* (mit Kirschsaft vergoren) und *witbier* (gewürztes, trübes Weizenbier) löschen plötzlichen Durst. Die starken, hellen Biere wie *Duvel* oder *Delirium tremens* beflügeln die Konversation, während die dunklen, aromatischen, hochprozentigen Abteibiere Genießer ansprechen. Die besten Sorten brauen die strengen Trappistenpater selbst und im Kloster (in Achel, Westmalle und Westvleteren). Feinschmecker schwören auf die Kombination von schwerem Bier und weichem Käse. *Brugs beschuit,* ein leicht gewürzter, süßer Zwieback, macht den Genuss vollkommen.

Frisch vom Markt: Meeresfrüchte

In manchen Teilen Flanderns haben sich auch noch zwei andere Spezialitäten erhalten: Genever, ein mit Wacholderbeeren aromatisierter Kornschnaps, ist vor allem in Limburg und Ostflandern populär. Ältere bürgerliche Damen nippen von Zeit zu Zeit an einem Gläschen *Elixir d'Anvers* bzw. *Elixir Oud Gent* (Kräuterlikör).

DELIKATESSEN UND DESIGN

Ob süße Köstlichkeiten, Topmode oder Elektrosound: Flanderns Spezialitäten verführen garantiert

> Die Geschäfte sind im Allgemeinen Mo–Sa 10–18 Uhr geöffnet, Shoppingcenter 9–19 bzw. 20 Uhr. In den Großstädten haben viele Bäcker, Metzger und Tante-Emma-Läden auch sonntags geöffnet, in den Badeorten auch manche Boutiquen. Weit verbreitet sind Nightshops. In Kleinstädten und Dörfern sind fast alle Läden in der Mittagszeit geschlossen.

ANTIQUITÄTEN

In Flandern finden Sie feinste Antiquitätenläden, insbesondere in Antwerpen und Brügge. Preiswerteren Trödel bieten der riesige Sonntagsmarkt in Tongeren, der Wochenendmarkt in Gent und die jährlichen *Rommelmarkten* (besonders im Frühjahr und Herbst in allen Städten).

KULINARISCHES

Zu den originellsten Mitbringseln zählen die handwerklich hergestellten Starkbiere wie die der Trappisten von Achel, Westmalle und Westvleteren oder ausgefallene Pralinen kreativer Confiseure. Die fein gewürzten *speculoos*-Kekse und der kräftige Honigkuchen *Peperkoek* gehören ebenfalls zu den Klassikern. Beauvoorde und Ieper sind berühmt für Fleischpasteten und Käse. Würziger Käse aus der Rohmilch von Kühen, Schafen oder Ziegen reift beim *maître fromager* Michel Van Tricht in Berchem und im *Kaas Mekka* in Gent. In Gent und Tongeren stellen kleine Häuser seit Generationen scharfen Senf her, in den auch Gemüse *(pickles)* oder Früchte *(mosterdfruit)* eingelegt werden. Der Haspengau produziert frische Obstsäfte, exquisiten Chardonnay-Wein, köstliche Marmelade und aromatischen Apfel- oder Birnenbranntwein. Die teuersten Früchte reifen in Gewächshäusern in Hoeilaart und Overijse südlich von Brüssel: dicke, süße Tafeltrauben, die vornehm in Seidenpapier verpackt werden. In Gent und Hasselt wird der Kornschnaps *Genever* gebrannt, oft parfümiert mit Wacholderbeeren, Apfel oder Zitrone. Nach Zitrusfrüchten duftet auch der Likör *Elixir d'Anvers*. Ein exklusiver Hit ist der *Royal Belgian Caviar* aus Turnhout. Insider Tipp

> EINKAUFEN

KUNST & DESIGN

Hoch ist die Dichte der Galerien in Antwerpen und Gent, und hoch sind durchweg auch die Preise. Viel günstiger ist allerdings Grafik sogar bekannter Künstler zu haben, und zwar in den Shops der Museen für moderne Kunst (MuHKA Antwerpen, Mu.Zee Oostende, S.M.A.K. Gent). Flämisches Design ist ein Geheimtipp. Es muss nicht gleich eine teure Couch von Arne Quinze sein – der Star fabriziert auch nette Beistelltische oder Hocker. Junge Flamen entwerfen in kleinen Serien tolle, erschwingliche Liebhaberobjekte wie Kerzenleuchter, Obstschalen und Vasen – durchweg cool und witzig. Top ist Bram Boo. Nicht zu vergessen sind Bett- und Tischwäsche mit modernen Dessins und in ausgefallenen Farben, etwa von Chris Mestdagh.

Insider Tipp

MODE

Die Antwerpener Modeschöpfer haben ihre Stadt zum Mekka der *fashion victims* gemacht. Véronique Brancquino, Ann Demeulemeester, Walter van Beirendonck, Dries van Noten, aber auch Nachwuchstalente haben schicke Boutiquen. Absolut in sind die sportlichen Kreationen von Dirk Bikkembergs. Rasend populär sind die Rücksäcke von Hedgren, Kipling und Eastpak. Verwöhnte Fashionistas werden auch in Knokke-Het Zoute fündig, in Hasselt gibt es eine bescheidenere Szene.

MUSIK

In den Sparten Chanson, Pop und Rock gibt es starke Flamen. Arno singt gern über das Oostende von anno dazumal, Flip Koweliers und die *Fixkes* nuscheln Liebeslieder oder Protestsongs auf Westflämisch. Ozark Henry ist top in softem Pop. Helmut Lotti rührt ältere Leute, *Clouseau* oder *deUS* sind Lieblinge der mittleren Generation. Angesagt bei den Teens ist der aus Puerto Rico stammende Wahl-Genter Gabriel Rios, internationale Klasse hat der Elektrosound von *Hooverphonic.* Die besten Plattenläden befinden sich in Antwerpen, Brügge, Gent und Hasselt.

Insider Tipp

> KULTUR UND NATUR

In Westflandern locken rote Mauern, weiße Strände und die grüne Polderlandschaft

> Westflandern ist durch und durch eine Tourismusprovinz. Wie ein Magnet zieht das mittelalterliche Brügge jährlich Millionen Besucher aus aller Welt an.

Kleinere Städte wie Veurne erfreuen sich ebenfalls großer Beliebtheit. Dahinter folgt der 64 km lange Küstenstreifen, auf der einen Seite von Oostende die *Oostkust,* auf der anderen die *Westkust.* Auch wenn die Küste chaotisch zugebaut ist, lieben die Belgier sie über alles: das diffuse Licht und die kräftige Brise am Ärmelkanal, das fröhliche Treiben am Strand und auf den Promenaden. Entlang der ganzen Küste fährt die moderne *Kusttram,* ihre 70 Haltestellen liegen nahe bei den Stränden und Ortszentren. Zwischen Küste und Kunststädten erstrecken sich weite Polder mit romantischen Kanälen, schmucken Dörfern und stattlichen Kirchen. Sanft gehen die Polder im Südwesten in die Hügellandschaft am

Bild: Strand in Nieuwpoort

BRÜGGE UND WESTFLANDERN

Kemmelberg über. Dort gedeiht der Hopfen für kräftige Biere, erinnert der blau blühende Flachs daran, dass Tuche und Tuchhandel Westflandern einst ungemein reich werden ließen.

BRÜGGE

KARTE IN DER HINTEREN UMSCHLAGKLAPPE

[119 D2] **„Brugge die Scone", das Schöne Brügge, nennen die „Bruggelingen" – 35 000 Ew. sind es im historischen Kern – ihre Stadt.** In keiner anderen Flanderns gibt es so viele gut erhaltene alte Bauten. Verspielt spiegeln sich die Fassaden in den Grachten, majestätisch treten die Türme aus dem Stadtbild hervor. Die Pracht verdankt die Stadt ihrem Hafen im Mittelalter. Damals war Brügge die Drehscheibe zwischen den nordeuropäischen Hansestädten und den Metropolen Südeuropas. Kaufleute und Bankiers beschäftigten die größten Künstler der Zeit: Hans Memling, Jan van Eyck, Michelangelo. Dann versandete der Zugang zur Nordsee, und die Metropole fiel in einen Dornröschen-

Vom Reichtum alter Zeit erzählen die Häuser am Brügger Marktplatz

schlaf. Erst im 19. Jh. lebte die Stadt dank des neuen Hafens Zeebrugge wieder auf. Alt und Neu bilden eine harmonische Kulisse. Hinter den Fassaden warten zahllose Kunstwerke darauf, entdeckt zu werden – und abends Kultur und Vergnügen.

SEHENSWERTES

BEGIJNHOF TEN WIJNGAARDE ★

Zeitlos wirken die weiß gekalkten Häuser – sie gruppieren sich um die weite Rasenfläche, auf der im Frühjahr Osterglocken blühen. Heute leben und beten hier Benediktinerinnen. *März–Nov. tgl. 10–12 und 13.45 bis 17.30 Uhr, Dez.–Feb. Mo/Di, Fr 11–12 Uhr, Mi/Do 13.45–16.15 Uhr, Sa/So 10–12 und 13.45–17.30 Uhr | Wijngaardstraat*

BELFORT EN HALLEN ★

Die Bürger von Brügge errichteten im 13. Jh. ihren gewaltigen, den weiten Marktplatz beherrschenden Belfried mit Tuchhalle. In der Schatzkammer des zweiten Stocks werden die Urkunden mit den Stadtrechten aufbewahrt. Von der Aussichtsplattform am Glockenspiel bietet sich ein herrlicher Blick. Es finden regelmäßig Konzerte statt. *Belfried tgl. 9.30 bis 17 Uhr | Eintritt 5 Euro | Konzerte 15. Juni–Sept. Mo, Mi, Sa 21 Uhr, Okt.–14. Juni Mi, Sa 14.15 Uhr | Markt*

Insider Tipp **FRIETMUSEUM**

In einem prächtigen Handelskontor aus dem 14. Jh. werden die Ursprünge der Kartoffel in Peru, Verbreitung und Anbau, die belgische Erfindung der Fritten und ihr Siegeszug – auch in Kunst und Comics – dokumentiert. Kostproben im Keller. *24.–26. Dez. und 31. Dez.–15. Jan. geschl., sonst tgl. 10–17 Uhr | Eintritt 6 Euro | Vlamingstraat 33 | www.frietmuseum.be*

GROENINGEMUSEUM ★

In weißen Räumen zeigt das Kunstmuseum Meisterwerke der altniederländischen Malerei. Zu den Höhepunkten gehören die „Madonna des Joris van der Paele" von Jan van Eyck und das „Jüngste Gericht" von Hieronymus Bosch. Auch Werke des 17. bis 20. Jhs. und Arbeiten des in Brügge geborenen Jugendstilkünstlers Frank Brangwyn. *Di–So 9.30 bis 17 Uhr | Eintritt 8 Euro | Dijver 12*

HEILIG BLOEDBASILIEK

Das Erdgeschoss ist Brügges älteste Kirche (Baubeginn 1139). Das auf massigen Säulen ruhende Gewölbe und die Seitenkapellen sind in strengem romanischem Stil ausgeführt. Darüber wurde später ein weiterer Raum gebaut. Hier wird eine Reliquie verehrt, in der sich ein Tropfen Christi Blut befinden soll. *Tgl. 9.30 bis 11.50 und 14–17.50 Uhr | Eintritt frei | Burg*

MEMLINGMUSEUM

Das Museum in der Kapelle des romanischen *Sint-Janshospitaal* führt in Leben und Kunst des mittelalterlichen Brügge ein. Höhepunkt sind sechs Werke von Hans Memling, darunter der „Ursulaschrein" mit seinen Miniaturen. Sehenswert sind auch die Apotheke und die Verwaltungsbüros. *Di–So 9.30–17 Uhr | Eintritt 8 Euro | Mariastraat 38*

MUSEUM SINT-SEBASTIAANGILDE Insider Tipp

Im Bau der uralten Handbogenschützengilde illustrieren Dokumente und kostbare Geschenke Brügges Bedeutung. Belgiens König und die englische Monarchin sind Gildenmitglie-

MARCO POLO HIGHLIGHTS

★ **Begijnhof Ten Wijngaarde**
In Flanderns schönstem Beginenhof in Brügge wird noch gebetet (Seite 32)

★ **Belfort en Hallen**
Grandioses Zeugnis bürgerlicher Macht in Brügge – mit Glockenspiel (Seite 32)

★ **Groeningemuseum**
Das Museum in Brügge zeigt Meisterwerke von der altniederländischen Malerei bis zum Jugendstil (Seite 33)

★ **Onze-Lieve-Vrouwekerk**
Gotische Kirche in Brügge mit Burgundergräbern und Michelangelo-Madonna (Seite 34)

★ **Stadhuis**
In Brügge zeugt Belgiens ältestes Rathaus vom Reichtum der Stadt (Seite 34)

★ **Lakenhal**
1925 wieder aufgebaut, aber grandios: die gotische Tuchhalle in Ieper (Seite 41)

der. *Juni–Sept. Di–Do 10–12, Sa 14 bis 17 Uhr, Okt.–Mai Di–Do, Sa 14 bis 17 Uhr | Eintritt 2 Euro | Carmersstraat 174 | www.sebastiaansgilde.be*

ONZE-LIEVE-VROUWEKERK ★
Die gotische Liebfrauenkirche mit ihrem markanten, spitzen Turm wartet auf mit der lieblichen „Madonna mit Kind" von Michelangelo und den eindrucksvollen, in Marmor und Messing gearbeiteten Grabmälern von Herzog Karl dem Kühnen von Burgund und seiner Tochter Maria von Burgund. *Di–Sa 9.30–17, So 13.30–17 Uhr | Eintritt 2,50 Euro | Mariastraat*

SINT-SALVATORSKATHEDRAAL
Über dem prächtigen Chorgestühl der Erlöserkathedrale erinnern Wappen an die 13. Sitzung des exklusiven Ritterordens vom Goldenen Vlies. Sehenswert: die Brüsseler Tapisserien mit Szenen aus dem Leben Christi sowie die Renaissance-Retabel, Reliquienschreine und Grabmäler in den Seitenkapellen des Chors. *So–Fr 14–17 Uhr | Eintritt 2,50 Euro | Sint-Salvatorskerkhof*

STADHUIS ★
Brügge besitzt das älteste Rathaus Belgiens (1376). Eine monumentale Treppe führt von der Halle in den Gotischen Saal mit einem reich geschnitzten, bemalten, vergoldeten Holzgewölbe und alten Plastiken. Im linken Flügel, dem *Brugse Vrije,* wurden die Territorien der Stadt verwaltet und Urteile gefällt. Die Schöffen tagten im prunkvollen Renaissancesaal mit seinem gewaltigen Kamin und den mit Tapisserien bespannten Wänden. *Tgl. 9.30–17 Uhr | Eintritt 2,50 Euro | Burg*

ESSEN & TRINKEN

DEN DIJVER
Kreative Küche mit belgischen Bieren in einem eleganten Stadtpalais. Angenehme Terrasse am Kanal. *Mi*

Gotischer Bau mit grandioser Ausstattung: die Liebfrauenkirche in Brügge

und Do-Mittag geschl. | *Dijver 5* | *Tel. 050/33 60 69* | *www.dyver.be* | €€

HERTOG JAN ▸▸
Gert De Mengeleer ist ein führender Vertreter der molekularen Küche. Von den Tischen an der Glaswand zur Küche aus können Sie seine Präzisionsarbeit beobachten. *So/Mo geschl.* | *Torhoutsesteenweg 479* | *Tel. 050/67 34 45* | *www.hertog-jan.com* | €€€

PÂTISSERIE SERVAIS VAN MULLEM
Elegantes Café am Theater. Köstliches Gebäck, dezente klassische Musik, stilvolle Bedienung. *Di geschl.* | *Vlamingstraat 56* | *Tel. 050/33 05 15*

Insider Tipp **REFTER** ▸▸
Sternekoch Geert van Hecke serviert in seiner schicken Dependance pfiffige Brasseriegerichte. Herrliche Terrasse. *So/Mo geschl.* | *Molenmeers 2* | *Tel. 050/44 49 00* | *www.bistrorefter.com* | €€

EINKAUFEN

Das Einkaufsviertel liegt zwischen *Noordzandstraat, Geldmuntstraat, Zuidzandstraat* und *Steenstraat.*

Insider Tipp **CALLEBERT**
Hier finden Sie eine Riesenauswahl an (kleinen) Designobjekten. Große Abteilung für Kinder. Regelmäßig Ausstellungen, Café und Winebar auf der Dachterrasse. *Wollestraat 25* | *www.callebert.be*

Insider Tipp **HOET (THEO)**
Wer in Flandern in sein möchte, kauft sich hier die extravagante (Sonnen-)Brille. *Vlamingstraat 19*

ROMBAUX
Traumhafte Auswahl an LPs und CDs, von Klassik bis Pop. *Mallebergplaats 13*

ÜBERNACHTEN

Die über 120 Hotels und fast ebenso vielen Bed & Breakfasts sind am Wochenende meist teurer als an den anderen Wochentagen. Oft verlangen sie zwei Übernachtungen.

ADORNES
Drei Stufengiebelhäuser mit herrlichem Blick auf die Kanäle. Moderne Zimmer, die schönsten unter hohem Dachgebälk. Außerdem gutes Frühstücksbuffet, eigener Parkplatz und Fahrräder. *20 Zi.* | *Sint-Annarei 26* | *Tel. 050/34 13 36* | *Fax 34 20 85* | *www.adornes.be* | €€

HOTEL DE GOEZEPUT
In einer ruhigen Seitenstraße, aber nur einen Steinwurf von Onze-Lieve-Vrouwekerk und Sint-Salvatorkathedraal liegt das Haus aus dem 18. Jh. Die komfortablen Zimmer unter dem alten Dachgebälk bieten eine schöne Aussicht. Moderne Lounge mit Kaminfeuer, Terrasse und Spielecke für Kinder. *15 Zi.* | *Goezeputstraat 29* | *Tel. 050/34 26 94* | *Fax 34 20 13* | *www.hotelgoezeput.be* | €

HOTEL MONTANUS
Ein altes Patrizierhaus und eine Villa im Kolonialstil, dazwischen 1200 m² Garten. Großzügige Zimmer in verschiedenen Stilrichtungen. Frühstück bis mittags, Picknickorb und hauseigene Fahrräder. Insider Tipp *13 Zi.* | *Nieuwe Gentweg 78* | *Tel. 050/33 11 76* | *Fax 34 09 38* | *www.montanus.be* | €€€

AM ABEND

CONCERTGEBOUW

Im großen und im kleinen Saal des eindrucksvollen Konzerthauses der Architekten Robbrecht & Daem steht hauptsächlich klassische Musik auf dem Programm. Nicht verpassen: Insider Tipp Jos van Immerseel und sein Hausorchester *Anima Aeterna.* *'t Zand 34 | Tel. 070/22 33 02 | www.concertgebouw.be*

MA RICA ROKK ▶▶

Tagsüber Rockcafé, nachts heiße Technodisko, sehr junges einheimisches Publikum, Feststimmung. *Tgl. 10–4 Uhr | 't Zand 7–8*

Insider Tipp DE REPUBLIEK

Treffpunkt der Bohemiens, gute Auswahl belgischer Biere, exotisch inspirierte Gerichte (auch vegetarische), Cocktails. Stimmungsvoller Hof. *Tgl. 11–4 Uhr | Sint-Jakobsstraat 36*

DE STOEPA

Ein nettes Gasthaus mit Garten. Das Publikum: junge Leute aus Brügge. Gute Stimmung. *Tgl. 11–3 Uhr | Oostmers 124*

DE VERSTEENDE NACHT

Lebhaftes Jazz-, Funk- und Salsacafé, mittwochs Liveauftritte (Eintritt 3 Euro). Außerdem: Comics zum Schmökern, Tapas und das seltene Westmalle-Trappistenbier vom Fass. *Tgl. 19–1 Uhr | Langestraat 11*

AUSKUNFT

Toerisme Brugge | In & Uit | 't Zand 34 | Tel. 050/44 46 46 | Fax 44 46 45 | www.brugge.be/toerisme

ZIEL IN DER UMGEBUNG

DAMME [119 D2]

Das Städtchen (11 000 Ew.) ist ein beliebtes Ausflugsziel 5 km nordöstlich von Brügge. Auf einem hübschen Kanal verbinden Boote beide Städte *(Abfahrt Noorweegse Kaai in Brügge | April–Sept. tgl. 10, 12, 14, 16, 18 Uhr | Rückfahrkarte 7 Euro).* Damme, einst Umschlagplatz für Bordeaux- und Portwein, hat sternförmige Stadtwälle, die gotische *Liebfrauenkirche,* das *Sint-Janshospitaal* und das spätgotische *Rathaus.* Der Geburtsort des Dichters Jacob van Maerlant (1235–1300) profiliert sich als Bücherstadt (jeden 2. Sonntag des Monats *Büchermarkt* auf dem Marktplatz). Im Schelmenroman von Charles De Coster stammt *Tijl Uilenspiegel* aus Damme. *Auskunft: Toerisme Damme | Jacob van Maerlantstraat 3 | Tel. 050/28 86 10 | Fax 37 00 21 | www.toerismedamme.be*

KNOKKE-HEIST

[119 D1] **Das mondänste Seebad der belgischen Küste (32 000 Ew.) hat mehrere Bezirke mit eigenem Charakter.** Heist war ein Fischerdorf, Duinbergen lockte Maler und Dichter des Symbolismus an, und in Knokke lebten Polderbauern. Het Zoute, der exklusivste Teil, ist eine Gartenstadt mit stattlichen Villen der Brüsseler und Antwerpener Oberschicht – deshalb wird in Het Zoute auch fast ausschließlich Französisch gesprochen.

SEHENSWERTES

ALBERTPLEIN ▶▶

Auf der *Place m'as-tu-vu* (Angeberplatz) im Ortsteil Het Zoute veranstaltet Brüssels Schickeria die reinste Mode- und Autoshow.

CASINO

René Magritte schmückte das Spielkasino mit dem 72 m langen Wandgemälde „Le Domaine enchanté" aus. Zu sehen sind auch Gemälde von Paul Delvaux, Constant Permeke und Léon Spilliaert. Besichtigung nur mit Führung von Toerisme Knokke. *Tgl. ab 15 Uhr | Zeedijk-Albertstrand 509*

RUBENSPLEIN

Die belgischen Stararchitekten Robbrecht & Daem und der österreichische Künstler Franz West gestalteten den Platz avantgardistisch. *Albertstrand*

VILLA NOORDHINDER/WESTHINDER

Henry van de Velde errichtete diese Villen 1930 im Bauhausstil. *Zeedijk-Het Zoute 219–220*

ESSEN & TRINKEN

BARTHOLOMEUS

Auf der einfallsreichen Speisekarte stehen köstliche Fisch- und Fleischgerichte. Schöner Blick aufs Meer. *Di–Do geschl. | Zeedijk 267 | Tel. 050/51 75 76 | www.restaurantbartholomeus.be* | €€€

BEL-ETAGE

Intimes Restaurant in einem alten Haus, fantasievolle saisonale Küche. *Mi und mittags geschl. | Guldenvliesstraat 13 | Tel. 050/62 77 33 | www.bel-etage.be* | €€€

Architektonische Fantasie prägt den Rubensplein in Knokke-Heist

Das Naturschutzgebiet Het Zwin eignet sich ideal zum Wandern und für Vogelbeobachtungen

PANIER D'OR
Moderne Brasserie mit Terrasse. Gute Fischgerichte, Kindermenüs. *Di geschl. | Zeedijk-Heist 659 | Tel. 050/60 31 89* | €

ÜBERNACHTEN

MANOIR DU DRAGON
Landhaus von 1927 in weitem Garten. Luxuriöse Zimmer mit Terrasse/Balkon und Gartenblick. Traumhaftes Frühstück. *15 Zi. | Albertlaan 73 | Tel. 050/63 05 80 | Fax 63 05 90 | www.manoirdudragon.be* | €€€

MEMLINC PALACE HOTEL
Schönes altes Haus, moderner Komfort. Einige Zimmer mit Meerblick. Elegantes Restaurant. *62 Zi. | Albertplein 23 | Tel. 050/60 11 34 | Fax 61 57 43 | www.memlinc.be* | €€€

HOTEL TER HEIS
Einfaches, dafür preiswertes Hotel – gleich am Strand, mit eigener Terrasse und vor dem Segelclub gelegen. *20 Zi. | Zeedijk 210 | Tel. 050/51 78 84 | Fax 51 97 08 | www.beachhotelsknokkeheist.be* | €

FREIZEIT & SPORT

BEACHCLUB HEIST
Zentrum für alle Wassersportarten. Kurse, Materialvermietung. *Zeedijk-Heist 197 | www.vvwheist.be*

HET ZWIN
Für Wanderer und Vogelliebhaber: In dem 150 ha großen Naturschutzgebiet brüten über 120 Vogelarten und rasten zahllose Zugvögel. *Natuurreservaat Het Zwin | während der belgischen Schulferien tgl. 9–19 Uhr, sonst Di–So 9–19 Uhr | Eintritt 5,20 Euro | Graaf Léon Lippensdreef 8 | www.zwin.be*

ZWINBOSJES
Gut ausgeschilderte Radfahr- und Wanderwege finden Sie östlich von

Het Zoute in 220 ha naturgeschützten, bewaldeten Dünen, die nahtlos ins weite Polderland übergehen.

STRÄNDE

Am Ende der Zwinlaan in *Het Zoute* beginnt ein 4 km langer, breiter Sandstrand, den nur Meer, Himmel und Dünen säumen. Am Strand von Het Zoute gibt es exklusive Clubs, während in *Albertstrand, Duinbergen* und *Heist* Familienleben stattfindet.

AUSKUNFT

Dienst Toerisme | Zeedijk-Heist 660 | Tel. 050/63 03 80 | Fax 60 03 90 | www.knokke-heist.be

ZIELE IN DER UMGEBUNG

BLANKENBERGE **[118 C1]**

Blankenberge, 8 km westlich von Knokke-Heist, ist der volkstümlichste Badeort (17 000 Ew.). Die Strandpromenade gleicht einem Rummelplatz, und am überfüllten Strand wird gepicknickt. Der Pier ragt 350 m weit ins Meer. An seinem Ende gibt es eine Gaststätte mit Fernblick und eine Modelleisenbahnausstellung. Der *Paravang,* ein langer Windschutz am Yachthafen, ist ein Jugendstiljuwel mit Bänken zum Sonnen, Schauen und Klönen. *Auskunft: Dienst Toerisme | Leopold-III-plein | Tel. 050/41 22 27 | Fax 41 61 39 | www.blankenberge.be*

DE HAAN **[118 C2]**

Gepflegtes Seebad 17 km südwestlich von Knokke-Heist. Ausgedehnte Dünen und Polder rahmen den Villenort (10 000 Ew.) ein, in dem der Charme der Belle Époque überlebt hat. Es gibt einen ruhigen, breiten

> BLOGS & PODCASTS

Gute Tagebücher und Files im Internet

- *www.bloggen.be* – Hier gibt es Witziges und Ernstes aus dem flämischen Alltag, oft auch auf Deutsch.
- *www.grenzecho.net* – Belgiens einzige deutschsprachige Tageszeitung bietet massenweise gute Informationen und Blogs.
- *http://blogactiv.eu* – Dieser Blog bietet Hintergrund und Meinungen zu europäischen Themen. Dabei wird Belgien nicht übersehen.
- *www.flandern.at/blog* – Fünf junge Österreicherinnen berichten (für das flämische Fremdenverkehrsamt) über ihre Reiseeindrücke.
- *www.belgieninfo.net* – Internetzeitung der in Belgien lebenden Deutschen, mit RSS-Feed.
- *www.brf.be* – Die Podcasts des deutschsprachigen belgischen Rundfunks BRF bieten viele Informationen und Hits.
- *www.mnm.be* – Top-Popmusik als Podcast.
- *www.flanderninfo.be* – Der öffentlich-rechtliche flämische Sender VRT bietet hervorragende Informationen über Belgien und Flandern. Viel Wissenswertes in der Rubrik *Land und Leute.* RSS-Feed.

Für den Inhalt der Blogs & Podcasts übernimmt die MARCO POLO Redaktion keine Verantwortung.

Sandstrand und im Westen, an der Grenze zu Bredene, den Insider Tipp einzigen FKK-Strand der Küste. Vier Reitschulen vermieten Pferde für Ausflüge durch Dünen und Wälder. Auch Wanderer und Radler lieben De Haan und Umgebung. Stilvolle Unterkunft mit großem Garten und Pool bietet das Hotel *Romantik Manoir Carpe Diem (16 Zi. | Tel. 059/23 32 20 | Fax 23 33 96 | www.manoircarpediem.com | Prins Karellaan 12 | €€€)*. Ein nettes Bed & Breakfast ist die *Villa Stella Maris (3 Zi. | Memlinglaan 11 | Tel./Fax 059/23 56 69 | www.stellamaris.be | €)*.

Auskunft: Dienst Toerisme | Leopoldlaan 24 | Tel. 059/24 21 34 | Fax 24 31 36 | www.dehaan.be

KORTRIJK

[119 D5] Kortrijk (76 000 Ew.) präsentiert sich schamlos neureich. Aufgedonnerte Kundinnen preschen mit Luxuskarossen zu todschicken Boutiquen. Der Reichtum kommt nicht von ungefähr: In der Umgebung von Kortrijk stellen zahllose Fabriken Teppichböden, industrielle Textilien und Designmöbel her. Alle zwei Jahre ist die angesehene *Biennale Interieur* Treffpunkt der besten Designer.

SEHENSWERTES

BEGIJNHOF

Märchenhaftes Dörfchen mit Pflastersteingässchen, weiß gekalkten Häuschen und Gärten voller Blumen. *Sint-Maartenskerkhof*

BROELMUSEUM

Ein elegantes Patrizierpalais des 18. Jhs. Zu sehen sind Werke von Roelant Savery, dem aus Kortrijk stammenden Hofmaler Kaiser Rudolfs II. in Prag, aber auch Landschaften aus dem 19. Jh. In der Orangerie ist eine stilvolle Cafeteria eingerichtet. *Di–Fr 10–12 und 14–17, Sa/So 11–17 Uhr | Eintritt 3 Euro | Broelkaai 6*

GROTE MARKT

Einsam steht der verspielte Belfried mit Glockenspiel auf dem Platz. Ein weiterer Blickfang ist das reich verzierte spätgotische Rathaus.

NATIONAAL VLAS-, KANT- EN LINNENMUSEUM

Das Nationale Flachs-, Spitzen- und Leinenmuseum geht auf alle Aspekte dieser traditionellen Kortrijker Produkte ein. *Di–Fr 9–12.30 und 13.30 bis 18, Sa/So 14–18 Uhr | Eintritt 3 Euro | Etienne Sabbelaan 4*

ONZE-LIEVE-VROUWEKERK

In der Grafenkapelle der gotischen Kirche hängen meisterliche Porträts aller Grafen von Flandern. Besonders sehenswert sind die um das Jahr 1380 von dem Bildhauer André Beauneveu geschaffene „Hl. Katharina von Alexandrien“ und die „Kreuzaufrichtung“ von Anthonis van Dyck. *Ecke Onze-Lieve-Vrouwestraat/Begijnhofstraat*

ESSEN & TRINKEN

EDDY VANDEKERCKHOVE

Der Starkoch zelebriert die klassische Haute Cuisine und kreiert immer neue Gerichte mit aufregenden Geschmacksnuancen. *So-Abend und Mo geschl. | Sint-Anna 5 | Tel. 056/22 47 56 | www.evdk.be | €€€*

GE UND WESTFLANDERN

ÜBERNACHTEN

nsider Tipp

D-HOTEL

Cool gestyltes Designhotel am Stadtrand – mit Hightechausstattung, Wellnesscenter, tollen Künstlersuiten und Trendbistro. *45 Zi. | Abdijmolenweg 1 | Tel. 056/21 21 00 | Fax 20 30 01 | www.d-hotel.be* | €€

DAMIER

Traditionshaus am Marktplatz mit stilvollen Zimmern. Belle-Époque-Brasserie, elegantes Feinschmeckerrestaurant. *49 Zi. | Grote Markt 41 | Tel. 056/22 15 47 | Fax 22 86 31 | www.hoteldamier.be* | €€

AUSKUNFT

Toerisme Kortrijk | Schouwburgplein 14a | Tel. 056/27 78 40 | Fax 27 78 49 | www.kortrijk.be

ZIELE IN DER UMGEBUNG

IEPER [118 B5]

Ieper (Ypern, 35 000 Ew.) wurde 1914 von den Deutschen dem Erdboden gleichgemacht. Am *Bogen von Ypern,* 16 km westlich von Kortrijk, starben eine Million Soldaten. Ergreifende Gedächtnisstätten sind die

Die Lakenhal in Ieper – die prächtigste aller flämischen Tuchhallen

grandiose *Menenpoort,* wo allabendlich der *Last Post* (Zapfenstreich) erklingt, und die *St. George's Memorial Church.* In der monumentalen ★ *Lakenhal* mit Belfried, einem der grandiosesten gotischen Bauten überhaupt, zeigt das *In Flanders' Fields Museum (April–Okt. tgl. 10 bis 18 Uhr, Nov.–März Di–So 10–17 Uhr | Eintritt 8 Euro | Grote Markt 32 | www.inflandersfields.be)* beeindruckende Audio- und Filmdokumente aus dem Ersten Weltkrieg. *Auskunft: Toerisme Ieper | Grote Markt 34 | Tel. 057/23 92 20 | Fax 23 92 75 | www.ieper.be*

POPERINGE [118 B5]

In Poperinge (19 500 Ew., 32 km westlich) bezeugen drei gotische Kirchen den einstigen Wohlstand der Stadt, der auf der Tuchherstellung beruhte. Auf den Feldern rings um die Stadt gedeiht neben Flachs auch Hopfen. Dem Biergewürz ist das *Hopfenmuseum (Hopmuseum | März, Nov. Di–Fr 10–18, Sa/So 14–18 Uhr | Eintritt 5 Euro | Gasthuisstraat 71)* gewidmet. Im eingemeindeten Dorf *Watou* findet alljährlich das ▶▶ *Lyrik- und Kunstfestival (Juli/Aug. | www.watou2011.be)* statt. Das beste Bier der Gegend, *Westvleteren,* brauen die Trappisten in ihrer *Abtei Sint-Sixtus.*

>LOW BUDGET

- Die fünf städtischen Museen von Brügge bieten einen Eintrittspass für 15 Euro (bei den Museen und *Toerisme Brugge,* Ersparnis: 20 Euro).
- In den Hotels von Brügge bekommen Gäste gratis den Pass *welcome @brugge.* Damit gibt es bis zu 40 Prozent Ermäßigung bei Museen, Sehenswürdigkeiten, Kanalfahrten und Fahrradverleihen.
- Eine preiswerte, nette Alternative zu Hotels sind Gästezimmer. *www.bedandbreakfastflanders.be | www.brugge-bedandbreakfast.com*
- Oostende hat einen *City Pass* für alle wichtigen Sehenswürdigkeiten. Für 24 Stunden 13 Euro, für 72 Stunden 30 Euro, bei *Toerisme Oostende.*

Eine ruhige Unterkunft: *Hotel Recour und Feinschmeckerrestaurant Pegasus (8 Zi. | Guido Gezellestraat 7 | Tel. 057/33 57 25 | Fax 33 54 25 | www.pegasusrecour.be | €€€). Auskunft: Toerisme Poperinge | Grote Markt 1 | Tel. 057/34 66 76 | Fax 33 75 81 | www.poperinge.be*

OOSTENDE

[118 B2] **Oostende (69 000 Ew.) lebt auch dann, wenn die Feriengäste wieder nach Hause gefahren sind. In der Belle Époque zählte der Ort zu den schicksten Seebädern Europas.** König Leopold II. residierte hier im Sommer. Aus seiner Privatschatulle bezahlte der Monarch Prachtbauten und den Ankauf von Dünen. Im Ersten und Zweiten Weltkrieg wurde die Hafenstadt stark in Mitleidenschaft gezogen.

SEHENSWERTES

JAMES ENSORHUIS

1917–49 lebte der berühmte Maler James Ensor hier. In der Wohnstube hing sein monumentales Meisterwerk „Der Einzug Christi in Brüssel“, heute ist eine Reproduktion zu sehen. *Mi–Mo 10–12 und 14–17 Uhr | Eintritt 2 Euro | Vlaanderenstraat 27*

KONINKLIJKE GAANDEREIEN

König Leopold II. ließ die 400 m langen Arkaden bauen, um in ihrem Schatten von seiner Villa zur Rennbahn zu spazieren. *Zeedijk*

MERCATOR

Altes Segelschulschiff der Handelsmarine. *April–Juni, Sept. tgl. 10 bis 12.30 und 14–17.30 Uhr, Juli/Aug. tgl. 10–17.30 Uhr, Okt.–März Sa/So und Ferien 10–12.30 und 14–16.30 Uhr | Eintritt 4 Euro | Mercatordok*

MU.ZEE
Das Museum für moderne Kunst der Provinz Westflandern zeigt in einem umgebauten Warenhaus belgische Kunst des 19. und 20. Jhs. Herausragende Ausstellungen. *Di–So 10–18 Uhr | Eintritt 5 Euro | Romestraat 11 | www.kunstmuseumaanzee.be*

STAKETSEL
600 m weit ragt die westliche Hafenmole ins Meer. Beliebt zum Flanieren, besonders bei Sonnenuntergang. *Montgomerykaai*

VISTRAP
Auf dem alten Fischmarkt gibt es auch Stände mit köstlichen Fischhäppchen. *Visserskaai*

ESSEN & TRINKEN

FORT NAPOLEON
Cool gestyltes Restaurant in einem mächtigen Fort in den Dünen, leichte saisonale Gerichte, angenehme Terrasse. *Mo geschl. | Vuurtorenweg | Tel. 059/33 21 60 | www.fortnapoleon.be* | €€€

MATHILDA
Brasserie mit enormer Theke für den Aperitif, Fisch- und Fleischgerichte. *Mo/Di geschl. | Leopold-II-laan 1 | Tel. 059/51 06 70 | www.bistromathilda.be* | €

OSTEND QUEEN
Über dem Spielkasino liegt die Fischbrasserie von Starkoch Pierre Wynants. Todschickes Design, die Lounge ist ein mondäner Treff. Dabei gibt es hier noch die alte Spezia-

Beliebt seit der Belle Époque: Brandungsrauschen im Seebad Oostende

Insider Tipp lität *Smeus,* Kartoffel-Gemüse-Brei mit Meeresfrüchten. Umwerfend ist die Platte mit kalten Meeresfrüchten. Elegante Kleidung ist Pflicht. Reservieren! *Di/Mi geschl. | Monacoplein (Eingang Westhelling) | Tel. 059/ 44 56 10 | www.ostendqueen.be* | €€

ÜBERNACHTEN

HOTEL 'T KRUISHOF

Am Stadtrand gelegener Bauernhof, mit Garten, Sonnenterrasse, Tennis, Kinderspielplatz. Nette Zimmer und ein reichhaltiges Frühstück. *11 Zi. | Kruishofstraat 1 | Tel. 059/70 98 44 | kein Fax | www.kruishof.be* | €

ROYAL ALBERT

Hübsche Zimmer mit Blick auf das Meer, gutbürgerliches Restaurant. *22 Zi. | Zeedijk 167 | Tel. 059/70 42 36 | Fax 80 61 09 | http://users.skynet.be/royal.albert* | €

THERMAE PALACE

Art-déco-Traumhotel am Strand mit großzügigen Zimmern. Bistro und elegantes Feinschmeckerrestaurant. *156 Zi. | Koningin Astridlaan 7 | Tel. 059/80 66 44 | Fax 80 52 74 | www.thermaepalace.be* | €€€

STRÄNDE

FORT NAPOLEON

Ruhiger Strand, östlich der Hafenmole, unterhalb des Forts. Der Kahn *Blue Link (Abfahrt tgl. 10–18 Uhr | Sir Winston Churchillkaai | einfache Fahrt 1,50 Euro, Fahrrad 0,50 Euro)* setzt in fünf Minuten über den Hafen.

ZEEDIJK

Der beliebteste und daher belebteste Strand im Stadtzentrum von Oostende erstreckt sich vor den eleganten Königlichen Arkaden.

AUSKUNFT

Toerisme Oostende | Monacoplein 2 | Tel. 059/70 11 99 | Fax 70 34 77 | www.toerisme-oostende.be

ZIELE IN DER UMGEBUNG

DE PANNE [118 A3]

Am sehr breiten Strand des modernen Seebades (9500 Ew., 32 km südwestlich von Oostende) tummeln sich Strandsegler, Surfer und Kitesurfer. Im Westen erstreckt sich das 350 ha große Naturschutzgebiet *Westhoek*, dessen Dünen sich in Frankreich fortsetzen. Rad-, Reit- und Wanderwege führen bis ins Polderland. *Auskunft: Dienst Toerisme | Zeelaan 21 | Tel. 058/42 18 18 | Fax 42 16 17 | www.depanne.be*

KOKSIJDE [118 A3]

Der Badeort (19 000 Ew.) mit schönen, breiten Stränden liegt 28 km südwestlich. Sehenswert sind die Ruinen der einst reichen *Zisterzienserabtei Ten Duinen.* Dem Ortsteil Sint-Idesbald stiftete der surrealistische Maler Paul Delvaux Meisterwerke und ein *Museum (April–Sept. Di–So, Okt.–Dez. Do–So 10.30–17.30 Uhr | Eintritt 8 Euro | Paul Delvauxlaan 5).* Das *Fischereimuseum (Di bis Fr 10–18, Sa/So 14–18 Uhr | Eintritt 5 Euro | Pastoor Schmitzstraat 5)* vermittelt Wissenswertes vor allem über die Krabbenfischerei – im Ortsteil Oostduinkerke ziehen die Fischer mit ihren Pferden fast täglich ins Watt hinaus. Im ruhigen Viertel um das Delvaux-Museum liegt die *Villa Certi Momenti (3 Zi. | Myriam-*

weg 16 | Tel. 058/51 89 05 | www.certimomenti.be | €) mit Sonnenterrasse. *Auskunft: Dienst Toerisme | Leopold-II-laan 2 | Tel. 058/53 21 21 | Fax 53 21 22 | www.koksijde.be*

VEURNE **[118 A3]**
Die beschauliche Stadt (8500 Ew., 25 km südwestlich) wird vom wuchtigen Turm der gotischen *Sint-Niklaaskerk* überragt. Der *Grote Markt* bezaubert mit heiteren Stufengiebelhäusern. Aus der Renaissancezeit stammen das *Rathaus* und das sogenannte *Landhaus (April–Sept. tgl. 11, 14, 15, 16.30 Uhr, Okt.–März tgl. 11, 15 Uhr | Eintritt frei)* mit elegantem Belfried und verschwenderisch dekorierten Sälen. *Auskunft: Dienst Toerisme | Grote Markt 29 | Tel. 058/33 55 31 | Fax 33 55 96 | www.veurne.be*

Der breite Strand von De Panne bietet viel Platz für Frischluftfans

NIEUWPOORT **[118 B3]**
Die 9000-Ew.-Stadt an der Ijzermündung, 17 km südwestlich von Oostende, wurde in beiden Weltkriegen völlig zerstört. Das *Rathaus,* die *Tuchhalle* mit Belfried und die *Liebfrauenkirche* entstanden 1925 und 1950 wieder. Heute ist Nieuwpoort ein Tummelplatz der Wassersportler mit Yachthafen und vorzüglichen Segelschulen. Auch Kajakfahrer, Surfer, Kitesurfer und Taucher sowie Fans von Wasserski und Wavekarting sind hier an der richtigen Adresse. *Auskunft: Dienst Toerisme | Marktplein 7 | Tel. 058/22 44 44 | Fax 22 44 28 | www.nieuwpoort.be*

VLADSLO **[118 B3]**
Deutscher Soldatenfriedhof, 16 km südlich von Oostende. Über die Granitplatten blickt das „Trauernde Elternpaar“ der deutschen Bildhauerin Käthe Kollwitz. *Tgl. 9–18 Uhr*

> FLÜSSE, KANÄLE UND SOGAR BERGE

Das alte Gent lockt mit Kultur und Leben, das Umland mit Natur und Dolce Vita

> Grandiose Architektur, Meisterwerke der Kunst, liebliche Landschaften und himmlische Ruhe: Das zeichnet die Provinz Ostflandern aus. In der Mitte liegt die alte Grafenstadt Gent.

Wie ein Spinnennetz gehen von hier Wasserwege aus, Flüsse mit vielen Biegungen und alten Armen wie Schelde oder Leie, gerade Kanäle in alle Himmelsrichtungen, gesäumt von Pappeln und Weiden, Feldern und Wiesen. Zu den beschaulichsten Flecken gehören die Polder des Meetjeslands im Nordwesten, an der Grenze zu den Niederlanden. Am östlichen Rand der Provinz durchquert der Fluss Demer die Landschaft. Ganz anders sieht der Süden mit den Flämischen Ardennen aus: Die rund 150 m hohe Hügelkette ist Radrennfahrern ein Begriff. Doch auch Gartenarchitekten und Hobbygärtner wissen, wo die Provinz liegt: Bei Lochristi und Beervelde, östlich

Bild: Graslei in Gent

GENT UND OSTFLANDERN

von Gent, werden Azaleen und Begonien von Weltruf gezüchtet.

GENT

KARTE IN DER HINTEREN UMSCHLAGKLAPPE

[119 F3–4] Gent (224 000 Ew.) empfängt seine Besucher mit dem quirligen Leben einer alten Universitätsstadt – 50 000 Studenten bummeln, diskutieren und gehen aus. Neben Antwerpen bietet in Flandern nur Gent ein abwechslungsreiches Nachtleben und eine echte Kulturszene. Die Kulisse dafür bilden eindrucksvolle Baudenkmäler, die immer wieder die Geschichte ins rechte Bild rücken.

Gent war eine der reichsten Tuchweberstädte Europas, mit selbstbewussten Bürgern und Zünften. So bot Gent 1540 Kaiser Karl V. die Stirn, als er eine neue Kriegssteuer erheben wollte. Als die Textilindustrie im

19. Jh. wieder aufblühte, entstand in Gent die flämische Arbeiterbewegung. Heute wartet Gent mit vielen Schönheiten auf. Lieve und Leie münden in die Schelde, Kanäle und Grachten verbinden sie. An baumgesäumten Ufern lässt sich trefflich flanieren, um die Vielfalt der Stadt auf sich wirken zu lassen.

SEHENSWERTES

BELFORT

Mitten auf der weiten Fläche zwischen Kathedrale und Alter Post ragt der mittelalterliche Belfried (erbaut 1313–80) auf. Er bringt grandios die einstige Macht der städtischen Patrizier und Gilden zum Ausdruck. Im zweiten Stockwerk der angegliederten Tuchhalle übt sich heute noch die 1613 gegründete, exklusive Königliche Ritter-Hauptgilde Sankt Michael im Florettfechten. Der Turm mit seinem Glockenspiel hält einen schönen Panoramablick bereit. *März–Nov. tgl. 10–18 Uhr | Eintritt 3 Euro | Sint-Baafsplein*

Gent ganz oben: Von der Kathedrale aus blickt man weit über die Stadt

DESIGNMUSEUM

Im Rokokopalais De Coninck sind kostbare alte Möbel zu sehen. Der Neubau des Museums lockt mit einer umfangreichen Sammlung von Jugendstilmöbeln und -objekten und zeitgenössischem Design. Nicht zu übersehen sind die Entwürfe des Flamen Pieter De Bruyne, des Wegbereiters der italienischen Transavanguardia. *Di–So 10–18 Uhr | Eintritt 5 Euro | Jan Breydelstraat 5 | http://design.museum.gent.be*

GRASLEI UND KORENLEI

Zwei Gesichter Gents spiegeln sich im Wasser des ersten Hafens: strenge mittelalterliche Stufengiebel von Lager- und Zunfthäusern an der Graslei, heitere Barockfassaden entlang der Korenlei. Es lohnt sich, von hier aus weiter zu flanieren – nördlich bleibt Gent spröde *(Kraanlei, Oudburg)*, südlich präsentiert es sich elegant *(Recollettenlei, Lindenlei, Coupure)*.

GRAVENSTEEN ★

Um das Jahr 1000 begannen die Grafen von Flandern mit dem Bau einer Wasserburg aus grauem Scheldestein. Im Laufe von zwei Jahrhunderten entstand das Symbol ihrer Macht mit 24 Türmen. Den Mittelpunkt bildet der 30 m hohe Saal. Später diente die Burg nacheinander als Gericht, als Folterkammer der Inquisition und als Baumwollspinnerei. Alte Gerichtsakten, Waffen und Folterwerkzeuge veranschaulichen die einstige Funktion der Burg. *April–Sept. tgl. 9–18 Uhr, Okt.–März tgl. 9–17 Uhr | Eintritt 8 Euro | Sint-Veerleplein*

MIAT

Das in einer früheren Baumwollspinnerei eingerichtete Museum für Industriearchäologie und Textiltechnik gibt Einblick in den Arbeitsalltag von 1750 bis 2000. Schöne Cafeteria mit Blick auf den Garten. *Di–So 10–18 Uhr | Eintritt 5 Euro | Minnemeers 9 | www.miat.gent.be*

MUSEUM DR. GUISLAIN

Insider Tipp

Jozef Guislain gehört zu den Begründern der modernen, humanen Psychiatrie. Das lässt sich schon an der Architektur seiner Genter Klinik ablesen. Das Museum illustriert die Geschichte der Psychiatrie und zeigt hervorragende Ausstellungen mit Art brut. *Di–Fr 9–17 Uhr, Sa/So 13 bis 17 Uhr | Eintritt 6 Euro | Jozef Guislainstraat 43 | Tram 1 | www.museumdrguislain.be*

MUSEUM VOOR SCHONE KUNSTEN

Der neoklassizistische Bau bildet einen grandiosen Schrein für Topkunst vom Mittelalter bis ca. 1950. Bemerkenswert ist die Sammlung französischer Maler und deutscher Expressionisten. Zu den Höhepunkten zählen „Die Kreuztragung Christi" von Hieronymus Bosch und das Porträt eines „Kleptomanen" von Théodore Géricault. Besonders stark vertreten

MARCO POLO HIGHLIGHTS

★ Gravensteen
Furchterregende Wasserburg der Grafen von Flandern in Gent (Seite 49)

★ Sint-Baafskathedraal
Gotik, Barock und der meisterliche Genter Altar (Seite 50)

★ S.M.A.K.
Flanderns führendes Museum für die künstlerische Avantgarde von gestern und heute befindet sich in Gent (Seite 50)

★ Stadhuis
Seine Stilvielfalt illustriert den Reichtum der stolzen Stadt Gent (Seite 50)

★ Centrum Ronde van Vlaanderen
In Oudenaarde werden die legendären Touren der flämischen Radrennfahrer hautnah präsentiert (Seite 54)

sind die flämischen Impressionisten und Expressionisten der Schule von Sint-Martens-Latem. Lehrreich ist auch der Saal, der auf die sozialen Probleme der Arbeiter und Bauern im 19. Jh. eingeht. *Di–So 10–18 Uhr | Eintritt 5 Euro | Fernand Scribedreef 1 (Citadelpark) | www.mskgent.be*

SINT-BAAFSKATHEDRAAL ★

Die Genter Kathedrale mischt mehrere Stile. Chor und Querschiff sind im klaren Stil der Scheldegotik gebaut, das dreigliedrige Längsschiff und der Turm typisch für die verspieltere brabantische Gotik. Die Mischung von rotem Backstein, grauem Scheldestein und französischem Kalkstein verblüfft. Die eindrucksvolle barocke Inneneinrichtung wurde nach den Verwüstungen während der Glaubenskriege hinzugefügt. Weltberühmt ist die Kathedrale für den *Genter Altar* von Jan und Hubert van Eyck. Das mittlere Paneel zeigt die „Anbetung des Lammes". Das wiederholt geraubte Meisterwerk der altniederländischen Malerei steht hinter Panzerglas in der Taufkapelle. *Kathedrale April–Okt. tgl. 8.30 bis 18 Uhr, Nov.–März tgl. 8.30–17 Uhr | Eintritt frei | Genter Altar April–Okt. Mo–Sa 9.30–17, So 13 bis 17 Uhr, Nov.–März Mo–Sa 10.30–16, So 13–16 Uhr | Eintritt 4 Euro | Sint-Baafsplein*

SINT-NIKLAASKERK

Die zur Hälfte restaurierte Nikolauskirche zählt zu den schönsten Beispielen der Scheldegotik mit ihren klaren Linien aus grauem Scheldestein. Der Blick in den Turm ist faszinierend. *Mo 14–17, Di–So 10 bis 17 Uhr | Eintritt frei | Cataloniestraat*

S.M.A.K. ★

Weltberühmt wurde das Städtische Museum für aktuelle Kunst dank seines langjährigen Direktors Jan Hoet. Mit Hilfe von Künstlern und Mäzenen trug er eine faszinierende Sammlung zusammen (u. a. Marcel Broodthaers, Joseph Beuys, Luc Tuymans). Vorzügliche Ausstellungen. Beliebtes Künstlercafé (bis 1 Uhr nachts geöffnet). *Di–So 10–18 Uhr | Eintritt 6 Euro | Citadelpark | www.smak.be*

STADHUIS ★

In Spätgotik, Renaissance und Barock entstand das Rathaus, das keinen Platz beherrscht, sondern ganz demokratisch an zwei Straßenecken steht. Drinnen zeugen prunkvolle Säle von Macht und Reichtum der Stadt. *Mai–Okt. Mo–Do 14.30 Uhr (Voranmeldung 11–14 Uhr beim Dienst Toerisme) | Eintritt 6 Euro | Botermarkt 1*

STAM

Im mittelalterlichen *Bijloke-Kloster und -Hospiz* entfaltet sich Gents Geschichte anhand von Prachtexemplaren des einheimischen Kunsthandwerks. Der ehemalige Krankensaal mit einzigartigem Holzgebälk wird als Konzertsaal genutzt. *Di–So 10 bis 18 Uhr | Eintritt 6 Euro | Godshuizenlaan 2 | www.stamgent.be*

VRIJDAGMARKT

Der Markt war oft Schauplatz von Aufständen, Demonstrationen und Streikveranstaltungen. *Ons Huis (Nr. 9–10),* erbaut in einem kuriosen eklektizistischen Stil, ist das Haus der Sozialistischen Gewerkschaft.

ZUID

Zur Weltausstellung 1913 putzte sich Gent fein und modern heraus. Der prächtige *Sint-Pieters-Bahnhof* von Louis Cloquet ist ein spannendes

Insider Tipp

BRASSERIE HA' ▶▶

Dieser todschicke Szenetreff mit Konzertsaal befindet sich in der alten Börse. Auf der Karte steht gediegene Genter Küche. *Mo/Di geschl.* | *Kouter 29* | *Tel. 09/265 91 81* | € | *Auskunft zu den Konzerten: www.handelsbeurs.be*

Das Genter Kunstmuseum S.M.A.K. zeigt hervorragende Ausstellungen

Beispiel von frühem Art déco, in den Vierteln nördlich und südlich stehen viele Jugendstil- und Art-déco-Häuser.

ESSEN & TRINKEN

BELGA QUEEN ▶▶

Atemberaubendes Design in einem alten Lagerhaus, Terrasse an der Flaniermeile. Belgische Brasserieküche. Auch Café und Lounge. *Tgl.* | *Graslei 10* | *Tel. 09/280 01 00* | *www.belgaqueen.be* | €€

CAFÉ THÉÂTRE

Insider Tipp

Eleganter Mix aus Café, Brasserie und Lounge im Opernhaus. Am Wochenende Disko mit DJs für angesagte Partys. *Sa-Mittag geschl.* | *Schouwburgstraat 5* | *Tel. 09/265 05 50* | *www.cafetheatre.be* | €€

GRADE

Ebenfalls elegant gestylt: Café, Bar und Restaurant im Museumsviertel. *So/Mo geschl.* | *Charles de Kerchovelaan 79–81* | *www.grade.be* | €

Insider Tipp

GREENWAY ▶▶
Der Veggie-Tag, den Umweltbewusste donnerstags einhalten, ist international bekannt. Im Greenway stammen die Zutaten für fleischlose

Shopping in Gent: Im Straßencafé gibt es willkommene Erfrischungen

Fusion-Köstlichkeiten aus biologischem und nachhaltigem Anbau. *So/Mo geschl. | Nederkouter 42 | Tel. 09/269 07 69 | www.greenway.be | €*

PAKHUIS
Viel Stimmung, ausgezeichnete Küche und freundlicher Service in einem spektakulären Lagerhaus. Intimer Caféteil. *So geschl. | Schuurkenstraat 4 | Tel. 09/223 55 55 | €*

EINKAUFEN

Das Einkaufsviertel liegt zwischen Belfort und Unibibliothek sowie in den Seitenstraßen des *Vrijdagmarkt.*

BAKKERIJ IMSCHOOT
Traditionsbäckerei mit Spezialitäten wie den Keksen *Gentse Mokken* und *Kletskoppen,* Honig- und Gewürzkuchen. *Groentenmarkt 1*

DE KAFT
Der größte von vielen Secondhand-Buchläden. Auch Comics. *Kortrijksepoortstraat 44 | www.dekaftgent.be*

MÄRKTE
Wer Märkte liebt, besucht den *Blumenmarkt (tgl. 7–13 Uhr | Kouter),* den *Flohmarkt (Fr–So 8–13 Uhr)* oder den Viktualienmarkt *Bij Sint-Jacobs (tgl. 8–14 Uhr | Groentenmarkt).*

MUSIC MAN
Fundgrube für LPs und CDs, Star-DJs sind hier Stammkunden. *Steendam 72 | www.musicman.be*

FABIAAN VAN SEVEREN
Coole Architektur für faszinierende Handtaschen und strenge Möbel des Stardesigners. *Krijgslaan 38 | www.fabiaanvanseveren-may17.com*

VITS-STAELENS
Salbei- und Holundersirup, Genter Genever, Liköre. *Bij Sint Jacobs 14*

VVE. TIERENTYN-VERLENT
Hier kaufen Starköche pikanten Senf ein – Tradition seit 1790. *Groentenmarkt 3*

Insider Tipp
YUZU
In japanisch strengem Ambiente: exquisite Pralinen mit Jasmin-, Tee- oder Zitrusfüllungen. *Walpoortstraat 11a*

ÜBERNACHTEN

Insider Tipp
HOTEL THE BOATEL
Ein alter Lastkahn im angesagten Yachthafen ist zum gemütlichen Hotel umfunktioniert worden. Ab 11 Uhr gibt es Brunch. *7 Zi. | Voorhoutkaai 44 | Tel. 09/267 10 30 | Fax 267 10 39 | www.theboatel.com* | €€

HOTEL ERASMUS
Zwei alte Patrizierhäuser mit familiärer Atmosphäre. Gepflegter Garten. *11 Zi. | Poel 25 | Tel. 09/224 21 95 | Fax 233 42 41 | www.erasmushotel.be* | €€

HOTEL GRAVENSTEEN
Elegantes Hotel in einem stilvollen Patrizierpalais. Einige Zimmer mit Blick auf das Grafenschloss, andere mit Aussicht auf den ruhigen Garten. *49 Zi. | Jan Breydelstraat 35 | Tel. 09/225 11 50 | Fax 225 18 50 | www.gravensteen.be* | €€€

MONASTERIUM POORTACKERE
In einem alten Kloster, auch Gästezimmer in ehemaligen Zellen ohne Bad und Toilette. *45 Zi. und 13 Zellen | Oude Houtlei 56 | Tel. 09/269 22 10 | Fax 269 22 30 | www.monasterium.be* | €–€€

AM ABEND

BELGA QUEEN
Unter dem Dachgebälk vermittelt ein exklusiver Club koloniale Atmosphäre. Separate Zigarrenlounge, Insider Tipp Donnerstag bis Samstag mixen Top-DJs softe Sounds, regelmäßig Livekonzerte. *Mo–Sa ab 19 Uhr | Graslei 10 | www.belgaqueen.be*

> LOW BUDGET

- Nette, sehr preiswerte Bed & Breakfasts vermittelt *www.bedandbreakfast-gent.be.*
- Die Universität Gent vermietet in den Monaten Juni bis September 340 Zimmer in Studentenwohnheimen. *Tel. 09/264 71 00 | www.use-it.be*
- Für junge Leute hat *Use-it* viele Spartipps. *Sint-Pietersnieuwstraat 21 | Gent | www.use-it.be*
- Der *Museumspass* für Museen, Burg Gravensteen und Genter Altar ist vorteilhaft: Drei Tage lang fährt man damit gratis mit Bus und Tram. *20 Euro | erhältlich bei den Museen und beim Dienst Toerisme*
- Von Mai bis September gibt es in Gent kostenlose Führungen im Belfried (14.10, 15.10 und 16.10 Uhr).
- *SoupLounge:* Vier frische Suppen mit Brot, Butter und Obst für je 3 Euro. *Tgl. 10–19 Uhr | Zuivelbrugstraat 6 | Gent*

CHARLATAN
Quirliges Lokal, wo bis nach Sonnenaufgang gefeiert wird. Regelmäßig gratis Livekonzerte. Im Nachbarhaus ruhigere Cocktailbar (Di–Sa 16–4 Uhr). *Di–So ab 21 Uhr | Vlasmarkt 6 | www.charlatan.be*

CLUB CENTRAL
Tango und Salsa im Erdgeschoss, Pop im Kellergewölbe. *Di–So ab 20 Uhr | Hoogport 32 | www.clubcentral.be*

Insider Tipp **HET HEMELSBREED VERSCHIL**
Stammlokal der Erasmus-Austauschstudenten, Bombenstimmung. Mo 22 bis 23 Uhr gibt es Bier gratis. *Mo–Sa ab 18 Uhr | Stalhof 31–33*

HOPDUVEL
Gemütliche Gartenwirtschaft einer Kleinbrauerei, große Bierauswahl. *Rokerelstraat 10*

KINKY STAR
Disko des gleichnamigen Plattenlabels, die besten DJs der Stadt. *Di–So 20–5 Uhr | Vlasmarkt 9 | www.kinkystar.com*

DE KONINKLIJKE OPERA
Gediegene Opernvorstellungen und Liederabende in einem Prachtbau von 1840. Mit gepflegtem Theatercafé. *Schouwburgstraat 3–5 | Tel. 09/268 10 11 | www.vlaamseopera.be*

VOORUIT
In den Jugendstil-Festsälen der Sozialistischen Arbeiterbewegung wird heute Avantgardetanz, -theater und -musik geboten. Studentenpublikum und verrauchtes Café. *Sint-Pietersnieuwstraat 23 | Tel. 09/267 28 28 | www.vooruit.be*

AUSKUNFT
Dienst Toerisme | Belfried (Krypta) | Botermarkt 17A | Tel. 09/266 52 32 | Fax 266 56 73 | www.gent.be

ZIELE IN DER UMGEBUNG

KASTEEL OOIDONK **[119 E4]**
Das eindrucksvolle Renaissancewasserschloss, das noch von den gräflichen Besitzern bewohnt ist, liegt 5 km südwestlich von Gent. *April bis Juni, Sept. So 14–17.30 Uhr, Juli/Aug. Sa/So 14–17.30 Uhr | Eintritt 7 Euro | Ooidonkdreef 9 | Bachte-Maria-Leie | www.ooidonk.be*

OUDENAARDE **[119 E5]**
Die nette Kleinstadt (27 500 Ew.) an der Schelde, 28 km südlich von Gent, ist berühmt für ihre Tapisserien aus dem 16.–18. Jh. Die *verdures* genannten Landschaften waren in ganz Europa begehrt. Prachtexemplare hängen im spätgotischen *Rathaus (April–Okt. Mo–Fr 11 und 15 Uhr, Sa/So 14 und 16 Uhr, nur mit Führung | Eintritt 5 Euro),* einem Schmuckkästchen am großen Marktplatz. Die Kirche *Onze-Lieve-Vrouw van-Pamele* am rechten Scheldeufer gehört zu den schönsten Beispielen der formenstrengen Scheldegotik. Das ★ *Centrum Ronde van Vlaanderen (Di–So 10–18 Uhr | Eintritt 7 Euro | Markt 43 | www.crvv.be)* entführt in die mythische Welt der *flandriens,* der flämischen Radrennfahrer (vorzüglicher Museumsshop). Neben dem Rathaus befindet sich das Hotel und Restaurant *Hostellerie La Pomme d'Or (11 Zi. | Markt 62 |*

Tel. 055/31 19 00 | Fax 46 04 46 | www.pommedor.be | €€). Auskunft: Dienst Toerisme | Markt 1 | Tel. 055/31 72 51 | Fax 30 92 48 | www.oudenaarde.be

gangenheit erinnert das *Museum Dhondt-Dhaenens (Di–So 10–17 Uhr | Eintritt 5 Euro | Museumlaan 14 | Tel. 09/282 51 23 | www.museumdd.be).*

Kunstvolle Architektur der Spätgotik: das Rathaus von Oudenaarde

SINT-MARTENS-LATEM [119 E4]

Sint-Martens-Latem (8200 Ew.) war Belgiens Worpswede – eine Künstlerkolonie an der verschlungenen, beschaulichen Leie, 5 km südwestlich von Gent.

Zur *Ersten Schule von Latem* gehören der impressionistische Maler Emile Claus und der symbolistische Bildhauer George Minne, zur *Zweiten Schule von Latem* Expressionisten wie Constant Permeke. Ihre Arbeiten sind heute in den großen belgischen und internationalen Museen ausgestellt. An die Künstler der Ver-

VLAAMSE ARDENNEN [119 E–F5]

Das Hügelland mit seinen vielen Gewässern, Mühlen, Brauereien und lieblichen Dörfern ist ideal zum Entspannen. Es geht im Süden in das *Pays des collines* über, aus *Ellezelles* stammt Agatha Christie's Detektiv Hercule Poirot *(Maison du Parc naturel du Pays des collines | Ruelle des Ecoles 1 | Ellezelles | Tel. 068/54 46 00 | www.pays-des-collines.be). Auskunft: Dienst Toerisme Oudenaarde | Stadhuis Markt | Tel. 055/31 72 51 | Fax 30 92 48 | www.toerismevlaamseardennen.be*

> EIN HALBMOND UM BELGIENS HAUPTSTADT

Abwechslungsreiches Bauernland und Belgiens älteste Universität

> Sanfte Hügel, liebliche Täler, Dörfer und Kleinstädte voller Kunst prägen Flämisch-Brabant. Im östlichen Hageland, das nahtlos in den limburgischen Haspengau übergeht, gedeihen – wie dort – Weinreben, die verblüffende Tropfen hervorbringen. Die meisten Landwirte verdienen ihr Geld allerdings mit Zuckerrüben. Im westlichen Pajottenland, an das sich der ländliche Teil der Provinz Ostflandern anschließt, wird Gueuze-Bier gebraut. Mitten in der geruhsamen Provinz geben in der Hauptstadt Leuven seit Jahrhunderten die Studenten von Belgiens ältester Universität den Ton an. Westlich der Stadt gehen moderne Schlafstädte in das Ballungsgebiet um Brüssel über – dort erwartet Sie eine ganz andere Welt.

BRÜSSEL

[123 E–F2] **Belgiens Hauptstadt (Bruxelles, 1,1 Mio. Ew.), im föderalen Königreich**

Bild: Grand' Place in Brüssel

FLÄMISCH-BRABANT

ein Stadtstaat, wartet mit starken Kontrasten auf. Es gibt zwei offizielle Sprachen, Französisch und Niederländisch. Auf der Straße herrscht ein babylonisches Wirrwarr, denn zwei Fünftel der Bewohner sind Einwanderer – reiche aus den EU- und Nato-Ländern, arme aus Marokko oder Zentralafrika. Neben historischen Prachtbauten stehen seelenlose Neubauten, schicke Viertel grenzen an vergammelte. Die volkstümliche Unterstadt hebt sich von der eleganten Oberstadt ab. Die Hochkultur lockt mit großartigen Museen und dem berühmten Opernhaus. Eine coole ▶▶ Off-Szene experimentiert in alten Fabriken mit spannendem Crossover. Brüssel gibt mit all dem nicht an, sondern fordert zu Entdeckungen heraus.

Ausführliche Informationen finden Sie im MARCO POLO Band „Brüssel".

SEHENSWERTES

ATOMIUM ★

Dank Inoxstahlverkleidung und avantgardistischem Lichtdesign von Ingo Maurer strahlt das Atomium noch heller als bei der Weltausstellung 1958. In den Kugeln gibt es Ausstellungen zu den Fifties und zu aktueller Kunst. Traumhafter Panoramablick über Brüssel und Umgebung vom (arg teuren) Restaurant in der obersten Kugel. *Tgl. 10–18 Uhr | Eintritt 9 Euro | Bd. Du Centenaire | www.atomium.be | Metro 1A: Heysel*

Im Centre Belge de la Bande Dessinée

CATHÉDRALE SAINT-MICHEL ★

Die der hl. Gundula und dem hl. Michael geweihte Kathedrale ist das schönste Beispiel der brabantischen Gotik. In der Nationalkirche sind die Herzöge von Brabant und herausragende habsburgische Statthalter begraben. Seit 1830 begeht das belgische Königshaus in diesem Gotteshaus die Feiern anlässlich von Taufen, Hochzeiten und Trauerfällen. *Parvis de Sainte-Gudule | Metro: Gare Centrale*

CENTRE BELGE DE LA BANDE DESSINÉE

Belgier nehmen Comics, ihre „neunte Kunst", ernst. Das Comicmuseum befindet sich in einem lichtdurchfluteten Warenhaus des Jugendstil-Begründers Victor Horta. Hier werden die Klassiker Hergé, Edgar Jacobs und Peyo präsentiert, aber auch die in- und ausländische Avantgarde. Nette Brasserie. *Di–So 10–18 Uhr | Eintritt 7,50 Euro | Rue des Sables 20 | Metro: Gare Centrale, De Brouckère*

GRAND' PLACE ★

Einer der schönsten Plätze der Welt, gesäumt von barocken Zunfthäusern. Das sowohl außen als auch innen grandiose spätgotische *Rathaus (Hôtel de Ville | Di/Mi 14.30–16, So 10 bis 12 Uhr | Eintritt 3 Euro)* beherrscht den Platz, auf dem täglich Blumen feilgeboten werden. *Metro: Bourse*

MUSÉES ROYAUX DES BEAUX-ARTS DE BELGIQUE ★

Belgiens königliche Kunstmuseen glänzen mit Meisterwerken der altniederländischen Malerei (Hieronymus Bosch, Hans Memling), von Pieter Bruegel d. Ä., Peter Paul Rubens und Anthonis van Dyck. Der Symbolismus ist mit Spitzenwerken von James Ensor und Fernand Khnopff vertreten. Ebenfalls lohnend: die Gemälde der holländischen und der französischen Schule. *Di–So 10–17 Uhr | Eintritt 8 Euro (Kombiticket mit Magritte-Museum 13 Euro) | Rue de la Régence 3 | www.fine-arts-museum.be | Metro: Gare Centrale*

MUSÉE MAGRITTE MUSEUM

Für die weltweit größte und beste Sammlung von Werken des herausragenden Surrealisten wurde ein hinreißender Schrein geschaffen. Briefe, Fotos, Filme und Objekte vermitteln einen tiefen Einblick in Leben, Werk und Zeit. Tipp: Onlinereservierung! *Di–So 10–17 Uhr | Eintritt 8 Euro | Place Royale 1 | www.musee-magritte-museum.be | Metro: Gare Centrale*

PALAIS DU ROI

Im neobarocken Stadtschloss arbeiten Belgiens Könige und geben Staatsempfänge. Königin Paola bestückt den Prachtbau mit Werken zeitgenössischer belgischer Künstler. Jan Fabres Decke im Spiegelsaal, ein schillernder Traum aus Millionen Käferpanzern, lohnt allein schon einen Besuch. *Ende Juli–Anfang Sept. tgl. 9.30–16 Uhr | Eintritt frei | Place des Palais | Metro: Trône*

Insider Tipp

ESSEN & TRINKEN

CAFÉ BELGA ▶▶

Insider Tipp

Brüssels Künstler und Kreative, Studenten der Freien Universität und junge Expats genießen im Alten Funkhaus frische Drinks und spritzige Konversation. Riesige Terrasse mit romantischem Blick auf die Weiher gegenüber. Schönes Frühstück, internationale Presse. *So–Do 8–2 Uhr, Fr/Sa 8–3 Uhr | Place Eugène Flagey 1 | www.cafebelga.be | Bus 71*

LE FOURNEAU ▶▶

Trendtreff im Viertel der Designer, Modeschöpfer und Filmemacher. Sie

MARCO POLO HIGHLIGHTS

★ Atomium
Das moderne Wahrzeichen strahlt Tag und Nacht über ganz Brüssel (Seite 58)

★ Cathédrale Saint-Michel
In Brüssel: herrliches Dekor nicht nur für belgische Geschichte (Seite 58)

★ Grand' Place
„Das schönste Theater der Welt", Treffpunkt von Brüssel (Seite 58)

★ Musées Royaux des Beaux-Arts de Belgique
Schatzkammer der Nation – in Brüssel (Seite 59)

★ Stadhuis
Steingewordenes Schatzkästchen der brabantischen Gotik in Leuven (Seite 62)

★ Diest
Pracht in der Provinz – und die kleine Stadt ist ideal zum Flanieren (Seite 64)

amüsieren sich köstlich an der Theke um den Küchenbereich und bestellen moderne, leichte Häppchen. Preis je nach Gewicht. Keine Reservierung! *So/Mo geschl. | Place Sainte-Catherine 8 | Metro 1A/B: Sainte-Catherine* | €€

Insider Tipp **KWINT** ▶▶

Die lange Kupferplastik des Stardesigners Arne Quinze unter dem Deckengewölbe ist so spektakulär wie der Blick auf Brüssel und die fantasievollen Gerichte mit Kaviar und Trüffel. Angesagte Cocktailbar und Terrasse. Kosmopolitisches Publikum. *So geschl. | Mont des Arts 1 | Tel. 02/505 95 95 | www.kwintbrussels.com | Metro: Gare Centrale* | €€

EINKAUFEN

An den Straßen *Boulevard de Waterloo, Avenue de la Toison d'Or, Avenue Louise* und *Rue du Bailli* in der Oberstadt liegen die Luxusboutiquen der internationalen Modeschöpfer. In der *Rue Dansaert* in der Unterstadt und um sie herum sind die Antwerpener und Brüsseler Stars (u. a. Jean-Paul Knott und Martin Margiela) angesiedelt. Alternativ ist die *Rue du Lombard*, volkstümlich die *Rue Neuve* mit großen Ladenketten. Auf der *Place du Jeu de Balle* wird ein *Flohmarkt (tgl. 6–14 Uhr)* abgehalten, auf der *Place du Grand Sablon* ein *Antiquitätenmarkt (Sa 9–18, So 9–14 Uhr)*. Der größte, bunteste Viktualienmarkt findet am Südbahnhof statt *(Gare du Midi | So 6–13 Uhr)*.

ÜBERNACHTEN

BEMANOS

Luxuriöses Boutiquehotel zwischen Südbahnhof und Stadtmitte. Originell gestylte, traumhafte Bäder, zauberhafte Lounge mit Sonnenterrasse, schöner Wellnessbereich. *60 Zi. | Square de l'Aviation 23–27 | Tel. 02/520 65 65 | Fax 520 67 67 | www.bemanos.com | Metro: Gare du Midi* | €€€

HÔTEL PACIFIC

Intimes Designhotel mitten im Modeviertel. Toll gestylte Zimmer, nette Art-déco-Bar. *13 Zi. | Rue Antoine Dansaert 57 | Tel. 02/213 00 80 | Fax 213 00 83 | www.hotelcafepacific.com | Metro: Bourse* | €€€

> LAMBIC, GUEUZE UND KRIEK

Das Wunder des Brettanocymes brucellensis

So heißt der Keim, der nur durch die Luft von Brüssel und vom westlich gelegenen Pajottenland weht. An kühlen Novembertagen kochen die Brauer 65 Prozent Malz, 35 Prozent Weizen und drei Jahre alten Hopfen auf. Die Mischung wird in flache Becken gefüllt, und der Keim löst eine spontane Gärung aus. Danach reift das Gebräu mindestens ein Jahr lang in Holzfässern. Verschiedene Jahrgänge dieses *Lambic* werden verschnitten, auf Flaschen gezogen und wie Champagner vergoren. Das säuerliche, durstlöschende Resultat heißt *Gueuze*. Bei *Kriek* gärt zusätzlich Kirschsaft mit – die Früchte dafür kommen traditionell aus dem Pajottenland.

FLÄMISCH-BRABANT

Insider Tipp **THE WHITE HOTEL**
Dieses Hotel liegt im angesagten Teil der Oberstadt. Sehr große, weiße Zimmer mit coolen Designmöbeln, einige mit Terrasse und Panoramablick. Computerkojen, hauseigene Scooter, Biofrühstück, tolle Lounge. *53 Zi. | Avenue Louise 212 | Tel. 02/644 29 29 | Fax 644 18 78 | www.thewhitehotel.be | Tram 94: Bailli* | €€

AM ABEND

Oper, *Flagey* (das neue Kulturzentrum im alten Funkhaus), *Palais des Beaux-Arts,* rund 50 Theater, unzählige Tanzensembles, Jazzgruppen, Pop- und Rockbands, eine der weltbesten Cinematheken und Avantgardekinos, heiße Diskotheken und angesagte Loungebars, schicke Clubs und urige Gaststätten – nachts ist Brüssel noch lebendiger als tagsüber.

Eine Übersicht gibt es in der Mittwochsbeilage *MAD* der Tageszeitung *Le Soir* und auf *www.agenda.be.*

AUSKUNFT

BIT | Rathaus, Grand' Place | Tel. 02/513 89 40 | Fax 513 83 20 | www.visitbrussels.be

LEUVEN

[124 A5] Leuven (Löwen, 87 000 Ew.), das ist Flanderns Universitätsstadt. Über 25 000 Studenten der 1425 gegründeten Katholischen Universität und Tausende von jungen Fachhochschülern sorgen für ausgelassenes Leben. Während der Semesterferien bringen Rock-, Folk- und andere Festivals Schwung in die Stadt. Leuven blickt aber auch auf eine stolze Geschichte zurück. Hier bauten die Grafen von Leuven im 10. Jh. ihr Reich Brabant auf. Obwohl Leuven in beiden Weltkriegen stark gelitten hat, gibt es noch viele malerische Eckchen, die zu geruhsamem Flanieren einladen.

Auch Opern- und Theaterabende stehen in Brüssel auf dem Programm

SEHENSWERTES

CENTRALE UNIVERSITEITSBIBLIOTHEEK
Amerikanische Mäzene stifteten nach dem Ersten Weltkrieg die imposante Zentralbibliothek mit Glockenspiel im Turm. Die alte Bibliothek war 1914 von den Deutschen niedergebrannt worden. *Monseigneur Ladeuzeplein*

GROOT BEGIJNHOF

Der Große Beginenhof ist eine Stadt in der Stadt. Er wurde in den 1960er-Jahren von der Universität restauriert. In den schmucken Häusern wohnen Gastprofessoren, Doktoranden und Stipendiaten. Die gotische Beginenhofkirche hat ein herrliches Barockinterieur. Die romantischsten Stellen des Beginenhofs liegen am Dijle-Flüsschen. *Schapenstraat*

M MUSEUM

Das prächtige alte Palais lässt nachvollziehen, wie Löwener Patrizier einst lebten. In den eindrucksvollen Neubau von Stéphane Beel locken meisterliche spätgotische Holzskulpturen, spannende wechselnde Ausstellungen und die Insider Tipp Dachterrasse mit Panoramablick. *Di–So 11–18 Uhr | Eintritt 9 Euro (berechtigt auch zum Eintritt in die Schatzkammer der Sint-Pieterskerk) | Vanderkelenstraat 28 | www.mleuven.be*

SINT-PIETERSKERK

An der gotischen Hauptkirche beeindruckt besonders der klare Innenraum. Die Außenseite ist eher bescheiden, zumal die Kirche nie einen Turm bekam. Ein gotisches Triforium mit einem hinreißenden hohen Triumphkreuz grenzt den Chor ab. Die Kanzel ist ein Meisterwerk barocker Holzschnitzerei. Im Chor und seinen Seitenkapellen befinden sich kostbare Kunstwerke, u. a. das „Letzte Abendmahl" (1464–68) des herausragenden Leuvener Malers Dieric Bouts. *Di–Sa (15. März bis 15. Okt. auch Mo) 10–17, So 14 bis 17 Uhr | Eintritt 2,50 Euro (9 Euro für Kombiticket mit M-Museum)*

STADHUIS ★

Das Rathaus von Leuven ist ein steingewordenes Juwelenkästchen. Der überreich verzierte Bau, an dem u. a. der berühmte Architekt Jan Keldermans arbeitete, gehört zu den Höhepunkten der Brabanter Spätgotik, auch wenn die Skulpturen von Leuvener Würdenträgern und eine Menge anderer Details erst in den Jahren 1841–92 hinzugefügt wurden. *Grote Markt 9*

ESSEN & TRINKEN

WERELDCAFÉ.COOP

Studenten und Intellektuelle, grüne Politiker und sozial engagierte Geistliche treffen sich in dem Café und der Brasserie mit großem Garten. Insider Tipp Ausschließlich biologische und Fairtrade-Produkte. Regelmäßig Konzerte, die die Ferienstimmung noch

verstärken. *Wechselnde Öffnungszeiten | Bondgenotenlaan 131 | Tel. 016/89 01 90 | www.wereldcafe.be | €*

DE WIERING
Brasserie in einem urgemütlichen Haus, mehrere Etagen, Dachterrasse. Gute Hausmannskost, auch vegetarisch. *Tgl. | Wieringstraat 2 | Tel. 016/29 15 45 | www.dewiering.be | €*

ZARZA ▶▶
Modernes, warmes Design, hübsche Veranda und lebhafte Bar. Gute Auswahl an Salaten, Kinderteller. *So geschl. | Bondgenotenlaan 92 | Tel. 016/20 50 05 | www.zarza.be | €*

ÜBERNACHTEN

GASTHOF DE PASTORIJ
Freundliches Familienhotel, zentral gelegen, aber ruhig. Komfortable Zimmer, reichhaltiges Frühstück. *7 Zi. | Sint-Michielsstraat 5 | Tel. 016/82 21 09 | Fax 20 88 56 | www.depastorij.be | €–€€*

KLOOSTER HOTEL
Im Palais des Sekretärs von Kaiser Karl V., das später als Kloster diente, entstand dieses traumhaft schöne, ruhige Hotel. Salon mit Kamin, eleganter Innenhof, großzügiger Garten. Geräumige Zimmer und Parkplatz. *40 Zi. | Predikherenstaat 22 | Tel. 016/21 31 41 | Fax 016/22 31 00 | www.kloosterhotel.com | €€€*

AM ABEND

In der Studentenstadt gibt es Hunderte von Gaststätten, in denen ausgiebig gezecht wird – und keine förmliche Polizeistunde. *Grote Markt, Oude Markt, Muntstraat* und

In der Studentenstadt Leuven findet sich immer ein Plätzchen zum Plaudern

Tiensestraat im Zentrum bilden den Mittelpunkt des Treibens.

DE BLAUWE SCHUIT
Nostalgisches Lokal mit hübschem Garten. *Tgl. | Vismarkt 16*

CHESS CAFÉ
Angesagter Treff, wo auch Schach gespielt wird. Donnerstagabend live Jazz- und Blueskonzerte, Samstag und Sonntag DJs für Tanz. Wok-Gerichte. *So–Do 12–15 und 18–24 Uhr, Fr/Sa 18–2 Uhr | Fonteinstraat 1A | www.chesscafe.be*

DOMUS
Ein Labyrinth von Räumen auf mehreren Stockwerken, Terrasse. Bombenstimmung, das Bier kommt per Leitung aus der Hausbrauerei. Zur Stärkung gibt es einfache Gerichte. *Tgl. | Tiensestraat 8*

Insider Tipp

AUSKUNFT

Dienst Toerisme | Stadthuis | Grote Markt 9 | Tel. 016/21 15 39 | Fax 21 15 49 | www.leuven.be

ZIELE IN DER UMGEBUNG

DIEST ★ [124 B4]
Die Kleinstadt (22 000 Ew.) liegt malerisch zwischen einer Biegung des Demer-Flüsschens und einem grünen Hügel mit Zitadelle, 27 km nordöstlich von Leuven. Den *Grote Markt* beherrscht die *Sint-Sulpitiuskerk.* Der gotische Westbau besteht aus französischem Kalkstein, Schiffe und Chor aus dem lokalen, rotbraunen Eisensandstein. Das Innere prägen ein spätgotisches Triumphkreuz sowie der barocke Hochaltar und die barocke Kanzel. Im Chor liegt Philipp Wilhelm von Oranje-Nassau begraben. Das Fürstengeschlecht besaß Diest von 1499 bis 1794. Im Chorumgang ist die *Schatzkammer (Juli/Aug. Di–So 14–17 Uhr, Mai/Juni und Sept. Sa–So 14–17 Uhr | Eintritt 1,50 Euro)* mit wertvollen Kleinoden zu besichtigen. Das ebenfalls am Marktplatz gelegene *Rathaus* ist ein eleganter klassizistischer Bau. In den eindrucksvollen Kellergewölben zeigt das *Stedelijk Museum (März bis Sept. tgl. 10–12 und 13–17 Uhr, Okt.*

> LOW BUDGET

- Die Brüsseler Hotels gewähren am Wochenende und in der Ferienzeit erhebliche Rabatte. *www.thon.com, www.weekenesk.be* oder *www.hotel-experience.com* vermitteln preisgünstige Zimmer. Angebote für Bed & Breakfast gibt's unter *www.bedandbrussels.be.*
- Die Brüsseler Verkehrsbetriebe bieten eine günstige Tageskarte an (*carte jump* für 4,50 Euro). Sa/So für zwei Personen gültig! *www.stib.be*
- Am *Botanischen Garten* in Brüssel haben Sie einen kostenlosen Fernblick auf alte Prachtbauten und neue Glaspaläste. Traumhaft bei Sonnenuntergang. *Ecke Bd. Du Jardin Botanique/Rue Royale | Metro 2: Botanique*
- *Arsène50* verkauft Eintrittskarten von über 100 Veranstaltern zum halben Preis für Vorstellungen am selben Tag. *Di–Sa 12.30–17.30 Uhr | Cinéma Arenberg | Galerie de la Reine 26 | Brüssel | www.arsene50.be*
- Gibt's regelmäßig gratis: Jazz-, Folk- und Popkonzerte auf Brüssels Grand' Place. *www.visitbrussels.be*

bis Feb. Mo–Sa 10–12 und 13–17 Uhr | Eintritt 1,50 Euro) alle Aspekte der Geschichte und des Kunsthandwerks von Diest. Eine barocke Pforte führt in den *Begijnhof:* Die 90 Einzel- und Gemeinschaftshäuser bilden eine kleine Stadt mit winkligen Pflastersteingassen. Viele weitere Baudenkmäler, der *Warande-Park* in *Vinne* umschließen es. Die gotische *Sint-Leonarduskerk (April–Sept. Di bis So 14–17 Uhr, Okt.–März So 14 bis 17 Uhr | Eintritt 1,50 Euro)* quillt von kostbaren Kunstwerken über. Auf der anderen Seite des Marktplatzes liegt das *Renaissancerathaus.* Daran schließt sich die mittelalterliche *Tuchhalle* an, die die Erklärung

Schön gelegenes Städtchen mit Atmosphäre: am Grote Markt von Diest

der Stadtmitte und die grüne Umgebung verführen zum Weiterspazieren. *Auskunft: Toerisme Diest | Grote Markt 1 | Tel. 013/35 32 74 | Fax 32 23 06 | www.toerismediest.be*

ZOUTLEEUW **[124 B5]**

37 km östlich von Leuven liegt das verschlafene Städtchen (7700 Ew.). Das Flüsschen Kleine Gete und das wasserreiche Naturschutzgebiet *De* für den Reichtum des Städtchens liefert. Heute ist darin die nette *Taverne Lakenhal (Mo geschl.)* mit Terrasse untergebracht. Dort werden die fruchtigen Weine aus dem Hageland nordwestlich der Stadt serviert. Der *Stedelijke Toeristische Dienst (Markt 11 | Tel. 011/78 12 88 | Fax 78 44 84 | www.zoutleeuw.be)* – ebenfalls in der Tuchhalle – verkauft einige der seltenen Tropfen. Insider Tipp

> FLANDERNS BRILLANTER MITTELPUNKT

Eine attraktive Provinz umgibt die quirlige Wirtschafts- und Kulturmetropole

> Als Welthafen ist Antwerpen bekannt. Auch der Diamantenhandel trägt sein Steinchen zum Bruttoinlandsprodukt von ganz Flandern bei, und der Modesektor bringt zusätzlichen Glamour.

Industrie und Handel der Stadt Antwerpen verdrängen manchmal aus dem Bewusstsein, dass es noch die Provinz Antwerpen gibt – mit wunderbaren Naturgebieten vor den Toren der Metropole und geschichtsträchtigen Städten wie Mechelen und Turnhout. Nördlich des Albert-Kanals erstreckt sich die Landschaft Kempen mit kargen Sandböden, Kiefern, Birken und Heidekraut. Eingestreut liegen verträumte Seen und ruhige Kanäle, herbe Moore, stille Dörfer und zauberhafte Abteien. Südlich des Albert-Kanals bestimmen Felder und Gewächshäuser das Bild. Auf den fruchtbaren Böden gedeihen Kartoffeln und Gemüse, Früchte und Blumen, die auf dem Großmarkt in

Bild: Burg Steen in Antwerpen

ANTWERPEN

Sint-Katelijne-Waver verkauft werden. Berühmt sind der Chicoree und der Spargel der Gegend, ein Tipp für Feinschmecker die *Mechelse Koekoek* genannten feinen Hühnchen.

ANTWERPEN

KARTE IN DER HINTEREN UMSCHLAGKLAPPE

[121 D–E 4–5] *Sinjoren,* Herren, nennen sich die Antwerpener voller Stolz, und ihre Stadt (470 000 Ew.) *metropool.* In der Hauptstadt Brüssel, behaupten sie, wird Geld ausgegeben, in Antwerpen verdient. Ganz Belgien lächelt über diesen Hang zur Großspurigkeit. Doch wer könnte es den *sinjoren* verübeln, dass sie ihre Stadt als Mittelpunkt betrachten?

Antwerpens Hafen ist nun einmal der zweitgrößte Europas. An vier Spezialbörsen wird über die Hälfte aller Diamanten und Brillanten der

Welt gehandelt. Antwerpen bringt geradezu massenweise Modeschöpfer, Maler und Musiker hervor, lockt Theatermacher und Tänzer, Dichter und Verleger an – die kulturelle Szene sorgt für reges Leben. Das alles mit einer historischen Perspektive: Schließlich gehörte die Stadt an der Schelde im 16. Jh. zu Europas wichtigsten Handels- und Finanzplätzen. Nach den Wirren der Glaubenskriege bewirkte die Gegenreformation ein weiteres „Goldenes Zeitalter", in dessen Mittelpunkt die Maler Peter Paul Rubens und Anthonis van Dyck glänzten. Trotz der schweren deutschen Bombardements mit den berüchtigten V2-Raketen im Winter 1944/45 zeugen heute noch viele Bauten und Kunstschätze von der glanzvollen Vergangenheit einer Stadt, in der das Leben wie nirgendwo sonst in Flandern pulsiert.

SEHENSWERTES

CENTRAAL STATION

Der Zentralbahnhof im Stil der Neorenaissance ist ein grandioses Denkmal des Industriezeitalters. Die marmorne Halle und die imposante Treppe sind eines Schlosses würdig. *Koningin Astridplein*

Antwerpen – schwungvolle Metropole, aber auch Stadt zum Flanieren

CONSCIENCEPLEIN

Peter Paul Rubens entwarf die elegante Barockfassade der Jesuitenkirche *Sint-Carolus-Borromaeus.* Nebenan bauten die Pater ihre Akademie. Ein sanft plätschernder Brunnen verleiht dem Platz Anmut.

ANTWERPEN

DIAMANTMUSEUM
Hinter einer Art-déco-Fassade führt das Diamantenmuseum in die Welt des *steentje* ein, wie die Antwerpener die Glitzerdinger nennen. Fotos dokumentieren die Förderung, ein Schleifer demonstriert live sein Können, die geologische Entstehung und technische Anwendungen werden erläutert. Am meisten faszinieren jedoch die kostbaren Geschmeide, die hier in Hülle und Fülle zu sehen sind, darunter Kopien der englischen Kronjuwelen. *Do–Di 10–17.30 Uhr | Jan. geschl. | Eintritt 6 Euro | Koningin Astridplein 19–23 | www.diamantmuseum.be*

DIAMANTWIJK
Das Viertel des Diamantenhandels bildet ein „S“ aus *Rijpstraat, Hoveniersstraat* und *Schupstraat.* Durch das Mini-Manhattan eilen die gestressten Händler: orthodoxe Juden, Inder, Libanesen, Russen. Massenweise Kameras, Bodyguards und Polizisten beäugen jeden Passanten argwöhnisch. Schließlich werden hier jedes Jahr rund 30 Mrd. Euro umgesetzt. In den vier Börsen sind nur Händler zugelassen.

'T EILANDJE Insider Tipp
Der alte Hafen ist das neue Trendviertel im Norden der Stadt, in dem es sich herrlich bummeln lässt. Aus Lagerhäusern wurden Lofts, Theater, Diskotheken. Von den Stararchitekten Hans Kollhoff und Richard Meier stammen spektakuläre Neubauten. Am Kai schaukeln Yachten. Das *Koninklijk Ballet van Vlaanderen* und das *Koninklijk Filharmonisch Orkest van Vlaanderen* proben hier. Eine weitere Attraktion: das neue Historische Museum *MAS (ab Mai 2011 | www.mas.be).* Bei allem Glamour – die Atmosphäre ist hier rauer als im Viertel Zuid.

FOTOMUSEUM
Eindrucksvolles, dynamisches Haus, das neben Klassikern die aktuellen Tendenzen bringt – und sogar starke Schnappschüsse ganz gewöhnlicher Leute. *Di–So 10–17 Uhr | Eintritt 6 Euro | Waalse Kaai 47 | www.fotomuseum.be*

MARCO POLO HIGHLIGHTS

★ **ModeNatie**
In Antwerpen: Tempel der jungen flämischen Modeszene (Seite 70)

★ **Onze-Lieve-Vrouwekathedraal**
Gotischer Prachtbau voller Rubens-Bilder in Antwerpen (Seite 71)

★ **Plantin-Moretus-Museum**
In der Humanisten-Druckerei in Antwerpen ist die Zeit stehen geblieben (Seite 72)

★ **Rubenshuis**
Der Meister ganz intim in Atelier, Wohnhaus und Garten – in Antwerpen (Seite 72)

★ **Sint-Romboutskathedraal**
Imposanter Sitz des Kardinalerzbischofs in Mechelen (Seite 81)

★ **Abdij van Averbode**
Zwischen Wäldern und Wiesen liegt Flanderns schönste Abtei (Seite 83)

GROTE MARKT

Ein weites Dreieck bildet Antwerpens Marktplatz mit dem *Rathaus*. Den massigen Renaissancebau entwarf Cornelis Floris im Jahr 1561. Davor steht der monumentale *Brabo-Brunnen* von 1887. Die meisten Häuser am Platz wurden um 1900 als Gaststätten gebaut.

HAFENRUNDFAHRTEN

Mit einer Ausdehnung von 13 500 ha ist Europas zweitgrößter Hafen riesig, und am linken Scheldeufer werden weitere Docks entstehen. Tag und Nacht herrscht hektischer Betrieb. Die zweistündige Hafenrundfahrt ist ein Erlebnis. Besonders eindrucksvoll ist eine **Insider Tipp** *Candlelight Cruise. Hafenrundfahrt Mai–Sept. tgl. 13.30 Uhr, Okt.–Nov. Fr–So 10.30 und 13.30 Uhr (12 Euro) | Candlenight-Cruise 1. und 3. Sa des Monats, 19.30 Uhr (69 Euro) | Abfahrt Londenbrug/Havenkaai 14 | www.flandria.nu*

KONINKLIJK MUSEUM VOOR SCHONE KUNSTEN

Im Mittelpunkt des neoklassizistischen Prachtbaus stehen selbstverständlich monumentale Arbeiten der weltberühmten Barockmaler Peter Paul Rubens, Anthonis van Dyck und Jacob Jordaens. Daneben sind aber auch die altniederländische Schule (Hans Memling, Jan van Eyck) und die belgische Moderne (James Ensor, Rik Wouters) mit Meisterwerken vertreten. Ausstellungen der Spitzenklasse, Cafeteria mit schöner Terrasse. *Wegen Renovierung ist das Museum bis ca. Mitte 2012 geschlossen | Leopold de Waelplaats | www.kmska.be*

MODENATIE ★

Der faszinierende Bau der Architektin Marie-José van Hee beherbergt das Modemuseum *MoMu* mit attraktiven Ausstellungen, die Modeabteilung der Kunsthochschule und Vitrinen für Avantgardeprojekte sowie

Schräg inszeniert: Im Modemuseum sind spannende Ausstellungen zu sehen

das *Flanders' Fashion Institute,* das die Modeschöpfer der Stadt in aller Welt bekannt macht. Die fantastische Bibliothek ist öffentlich und kostenlos zugänglich, der Buchladen Copyright *(www.copyrightbookshop.be)* ist hervorragend sortiert. *Mo 13 bis 18, Di–So 10–18 Uhr | Eintritt 7 Euro | Nationalestraat 28 | www.momu.be*

MUSEUM VOOR HEDENDAAGSE KUNST (MUHKA)

Ein riesiger Getreidespeicher am alten Hafen wurde zum Museum für zeitgenössische Kunst umfunktioniert. Die Sammlung wird ständig neu präsentiert, daneben finden wechselnde Ausstellungen und Workshops für Kinder statt. Auf dem Dach gibt es ein nettes Café mit einem Wandgemälde von Keith Haring sowie zwei große Terrassen mit wunderbarer Aussicht. *Di–So 10–17 Uhr | Eintritt 6 Euro | Leuvensestraat 32 | www.muhka.be*

MUSEUM MAYER VAN DEN BERGH

Nach dem Tod des Sammlers Fritz Mayer van den Bergh im Jahr 1901 ließ seine Mutter das Museum im Stil eines alten Patrizierhauses bauen. Zu sehen sind kostbare altniederländische Gemälde, Möbel, Plastiken und Tapisserien. Zu den Höhepunkten zählen das verschwenderisch ausgemalte Breviarium und Pieter Bruegels „Dulle Griet". *Di–So 10–17 Uhr | Eintritt 4 Euro (Kombiticket mit Rubenshuis 6 Euro) | Lange Gasthuisstraat 19 | museum.antwerpen.be/mayervandenbergh*

MUSEUM VLEESHUIS

500 Jahre alt ist die herrliche gotische Fleischhalle. 60 000 Gegenstände illustrieren alle Facetten der Antwerpener Geschichte und Kultur. Weltberühmt sind die elegant bemalten Cembali der Ruckers-Dynastie (17. und 18. Jh.), auf denen regelmäßig Konzerte gegeben werden. *Di–So 10–17 Uhr | Eintritt 5 Euro | Vleeshouwersstraat 38–40 | museum.antwerpen.be/vleeshuis*

ONZE-LIEVE-VROUWEKATHEDRAAL ★

Die Außenseite der gotischen Liebfrauenkathedrale mit dem unvollendeten Turm wirkt zerstückelt. Drinnen beeindruckt das fünfgliedrige, breite Längsschiff, an das sich das lichtdurchflutete, höhere Querschiff und der Chor anschließen. Hier hängen berühmte Rubens-Bilder: im Querschiff die „Kreuzaufrichtung" (1610) und die „Kreuzabnahme" (1624), in der Mitte des barocken Hochaltars „Mariä Himmelfahrt" (1626; die rot gewandete Frau am Grab stellt Rubens' erste Frau Isabella Brant dar, die 1626 an der Pest starb) und die „Auferstehung Christi" (1612) in der zweiten Seitenkapelle rechts. Regelmäßig Orgelkonzerte, montagabends Glockenspielkonzerte. Vom Turm bietet sich eine wundervolle Aussicht. *Mo bis Fr 10–17, Sa 10–15, So 13–16 Uhr | Eintritt 4 Euro | Handschoenmarkt | www.dekathedraal.be*

OPENLUCHTMUSEUM MIDDELHEIM

In einem 27 ha großen Landschaftspark stehen Hunderte von monumentalen Plastiken, u. a. von Jean Arp, Henry Moore und Auguste Rodin. Jährlich wird die Sammlung erweitert. In einem neobarocken Schlösschen und einem modernen Pavillon sind kleinere, zerbrechlichere Skulpturen ausgestellt. *Di–So Okt.–März 10–17, April und Sept. 10–18, Mai und Aug. 10–20, Juni/Juli 10–21 Uhr | Eintritt frei | Middelheimlaan 61 | Tram 7, 15 | museum.antwerpen.be/middelheimopenluchtmuseum*

PLANTIN-MORETUS-MUSEUM ★

1548 ließ sich der französische Drucker Christophe Plantin in Antwerpen nieder. Nach seinem Tod übernahm sein Schwiegersohn Jan Moretus die *Officina Plantiniana,* die wichtige Schriften der Humanisten, Bibelübersetzungen, Wörterbücher und Partituren veröffentlichte. 1876 verkaufte Edward Moretus das renaissancezeitliche Anwesen mit der gesamten Einrichtung an die Stadt. In den prunkvollen Salons im Erdgeschoss stehen kostbare Möbel, an den Wänden hängen Rubens-Porträts. Im ersten Stock befinden sich zwei imposante Bibliotheken. Auch die Werkstätten, Büros und Lager zeugen von der Druckerdynastie. *Di–So 10–17 Uhr | Eintritt 6 Euro | Vrijdagmarkt 22 | museum.antwerpen.be/plantin_moretus*

ROCKOXHUIS

Im Patrizierpalais des humanistischen Bürgermeisters Nicolaas Rockox (1560–1640) scheint die Zeit stehen geblieben zu sein. Kostbare Möbel und Tapisserien sowie einige der ältesten flämischen Landschaftsbilder verleihen dem Haus Glanz. *Di–So 10–17 Uhr | Eintritt 4 Euro | Keizerstraat 12 | museum.antwerpen.be/rockoxhuis*

RUBENSHUIS ★

Peter Paul Rubens malte nicht nur für Europas Elite, er war auch ein leidenschaftlicher Sammler und geschickter Diplomat. Das Renaissancepalais, das er sich 1610 bauen ließ – samt Pantheon für seine Kostbarkeiten, Atelier und Lustgarten –, spiegelt seinen Status wider. Zu den Glanzlichtern gehören einige der schönsten (Selbst-)Porträts des Meisters. Regelmäßig Ausstellungen von Weltklasse. *Di–So 10–17 Uhr | Eintritt 6 Euro (Kombiticket mit Museum Mayer van den Bergh) | Wapper 9–11 | www.rubenshuis.be*

SINT-ANNATUNNEL

1931–33 wurde die Schelde untertunnelt, um das historische Zentrum mit neuen Wohnvierteln am linken Ufer zu verbinden. Altmodische Rolltreppen und Aufzüge in weiß gekachelten Art-déco-Treppenhäusern bringen die Fußgänger hinunter. Vom *Linkeroever* haben Sie einen herrlichen Blick auf Alt-Antwerpen. *Sint-Jansvliet*

SINT-JACOBSKERK

Der massige gotische Turm und das wuchtige Querschiff beherrschen die Altstadt. Drinnen empfängt barocke Pracht aus schwarzem und weißem Marmor, Silber und Messing die Besucher. Hier heiratete Peter Paul Rubens 1630 seine zweite Frau Hélène Fourment, und hier wurden auch die fünf Kinder aus dieser Ehe getauft. In der Kapelle hinter dem Hochaltar ruht der Malerfürst. Auf dem Altargemälde hat die Muttergottes die Gesichtszüge von Hélène Fourment. *April–Okt. tgl. 14–17 Uhr | Eintritt 2 Euro | Lange Nieuwstraat 73–75 | www.topa.be*

SINT-PAULUSKERK

Außen präsentiert sich das Gotteshaus in elegant spätgotischem Stil. Das barocke Interieur bildet eine echte Schatzkammer: Die besten Holzschnitzer lieferten Chorgestühl und Beichtstühle, die berühmtesten Maler der Stadt (u. a. Anthonis van Dyck) gestalteten die 15 Mysterien des Rosenkranzes. Ein herrliches Madonnenbild ist eine meisterliche Caravaggio-Kopie. Auf der vorzüglichen Barockorgel werden regelmäßig Konzerte gegeben. *Mai–Sept. tgl. 14–17 Uhr | Eintritt frei | Veemarkt 14 | www.topa.be*

Insider Tipp

Kunst im Grünen: der große Park des Openluchtmuseum Middelheim

STEEN

Das älteste Gebäude von Antwerpen (1200–25 errichtet) war ursprünglich eine mächtige Burg zur Verteidigung von Stadt und Hafen. Im 19. Jh. wurde der größte Teil der Anlage abgerissen, um die Kaimauern zu begradigen. Die heutige Hafenpromenade ist eine beliebte Flaniermeile. *Steenplein 1*

Gelassener Zeitvertreib in einem der vielen Antwerpener Cafés

ZUID

Um das zugeschüttete Becken des alten Hafens entstand in den 1990er-Jahren *the place to be.* Aus Lagerhäusern und Handelskontoren wurden moderne Museen und Theater, Kunstgalerien und Designläden, coole Bars und Restaurants, schicke Büros und Lofts. In diesem Viertel stehen zahlreiche spektakuläre Neubauten von Stararchitekten, Höhepunkt ist der Justizpalast von Richard Rogers, Ove Arup und Partnern mit markanten Kupferhauben. *Vlaamse Kaai/Waalse Kaai*

ZURENBORG

Ende des 19. Jhs. bauten die Unternehmer Cogels und Osy das modischste Viertel der Stadt. Die rund 200 Fassaden sind neugotisch und neobarock, Renaissanceimitation oder Abklatsch des Brüsseler Jugendstils. Heute noch sind die Zeugnisse der Antwerpener Belle Époque absolut in. *Cogels-Osylei | Bahnhof Berchem | Tram 11*

ESSEN & TRINKEN

BIJ LAM & YIN

Leichte, frische chinesische Küche mit hier und da einem belgischen Tupfer kommt in diesem Restaurant auf den Tisch. *Mo/Di und mittags geschl.* | *Reyndersstraat 17* | *Tel. 03/232 88 38* | €€

Insider Tipp

CAFÉ-RESTAURANT DE KAAI

Hangar im alten Hafen, Terrasse mit herrlichem Scheldeblick. Am Wochenende ab ca. 23 Uhr Tanz. Bis 2 Uhr morgens geöffnet. *Sa-Mittag und So geschl.* | *Rijnkaai 94* | *Tel. 03/233 25 07* | *www.de-kaai.be* | €€

DÔME-SUR-MER

An der großen Theke gibt es frische Schalentiere und gute Fischgerichte. Ungezwungene Atmosphäre, modisches Publikum. *So/Mo und Sa-Mittag geschl.* | *Arendstraat 1* | *Tel. 03/281 74 33* | *www.domeweb.be* | €€

Insider Tipp

THE GLORIOUS

Orientalisch gestylte Weinbar im Trendviertel Zuid. Super Auswahl an glasweise ausgeschenkten Weinen, leckere Bistrogerichte. *Mo geschl.* | *De Burburestraat 4a* | *Tel. 03/237 06 13* | *www.theglorious.be* | €–€€

HET GEBAAR LUNCH LOUNGE

In einem Cottage im Botanischen Garten erfindet Roger van Damme traumhafte molekulare Gerichte und Patisserie. Unbedingt reservieren! Geöffnet 11–18 Uhr. *So/Mo geschl.* | *Leopoldstraat 24* | *Tel. 03/293 72 32* | *www.hetgebaar.be* | €€€

LAMALO

Die besten *mezze* (Vorspeisen) des Nahen Ostens, im Haus gebackene Brote. Erste Adresse für Vegetarier. Äußerst beliebt bei Diamantenhändlern, dennoch lockere Atmosphäre. *Fr ab 16 Uhr und Sa geschl.* | *Appelmansstraat 21* | *Tel. 03/213 22 00* | *www.lamalo.com* | €

LOMBARDIA

„Food for the people" serviert dieser etwas schräge Treff mit Terrasse. Frische Gemüse- und Obstsäfte, Suppen und Tapas. Geöffnet 8–18 Uhr. *So geschl.* | *Lombardenvest 78*

ZUIDERTERRAS

Dampferförmiges, modernes Caférestaurant über der Schelde. Herrliche Aussicht. Tgl. bis 24 Uhr geöffnet. *Ernest Van Dijckkaai 37* | *Tel. 03/234 12 75* | *www.zuiderterras.be* | €

EINKAUFEN

Antwerpen ist ein Shoppingparadies in einem weiten Dreieck zwischen *Zentralbahnhof, Rathausplatz* und *Zuid-Viertel*. Kaufhäuser und Kettenläden befinden sich an der *Meir*, Boutiquen der weltberühmten Antwerpener Modeschöpfer wie Ann Demeulemeester und Dries van Noten an der *Nationalestraat* und um sie herum.

ANTWERPS KOOKHUYS

Ein Traum für (Hobby-)Köche, die hier alles finden. *Ternickstraat 1* | *www.antwerpskookhuys.be*

DEL REY

Erste Confiserie der Stadt. 85 Pralinensorten, auch Gebäck und Kuchen. Elegantes Café (So geschl.). *Appelmansstraat 5*

KAMMENSTRAAT

Insider Tipp

Kleine Boutiquen bieten schräge Streetwear, Piercings, Frisuren und Tätowierungen, die die Modetrends von morgen ankündigen.

KLOOSTERSTRAAT
Lange Straße mit einer Fülle von Antiquitäten- und Trödelläden und Antiquariaten.

MÄRKTE
Vogelmarkt: Blumen, Trödel und Lebensmittel locken am Sonntagvormittag scharenweise Touristen an. *Oude Vaartplaats*

Vrijdagmarkt: Möbel und Gebrauchsgegenstände aus Fabriken und Geschäften, die Konkurs gemacht haben, werden meistbietend versteigert. *Vrijdagmarkt*

WALTER
Walter van Beirendonck, einer der „Antwerp Six" und Direktor der Modeakademie, verkauft in der avantgardistisch gestylten Boutique eigene Modelle, aber auch die von jungen Trendsettern aus Antwerpen und aller Welt. *Sint-Antoniusstraat 12 | www.waltervanbeirendonck.com*

DE WINKELHAAK
Neues Zentrum für junge flämische Designer in einem bunten, lebhaften Viertel. Mehrere Designläden liegen in der Nachbarschaft. *Lange Winkelhaakstraat 26 | www.winkelhaak.be*

XSO
Supermodern gestylter Laden für ausgefallene Mode, von Issey Miyake bis Tim Van Steenbergen. *Eiermarkt 13–17 | www.xso.be*

ÜBERNACHTEN

HOTEL BANKS
Designhotel mitten im Modeviertel, trendiges Café, Lounge und Dachterrasse. *70 Zi. | Steenhouwersvest 55 | Tel. 03/232 40 02 | Fax 232 84 00 | www.hotelbanks.be* | €

DOCKLANDS HOTEL Insider Tipp
Modernes, komfortables Hotel im neuen Trendviertel. *32 Zi. | Kempisch Dok Westkaai 84–90 | Tel. 03/231 07 26 | Fax 231 57 49 | www.docklandshotel.be* | €€

ENICH ANDERS Insider Tipp
Bed & Breakfast über einem Bildhaueratelier in der Innenstadt. Freiheit garantiert, da separater Eingang und Küchenecken. Raucher nicht erwünscht. *3 Zi. | Leeuwenstraat 12 | Tel. 03/231 37 92 | Fax 213 00 45 | www.enich-anders.be* | €

HOTEL PRINSE
Modern gestyltes, ruhiges Haus in einem Palais aus dem 16. Jh. Reduzierte Wochenendpreise. *20 Zi. | Keizerstraat 63 | Tel. 03/226 40 50 | Fax 225 11 48 | www.hotelprinse.be* | €€

DE WITTE LELIE
Elegantes Barockpalais im historischen Stadtkern. Wunderbare Salons um einen Patio, traumhafte Zimmer, stilvoller Service. Tiefgarage. *10 Zi. | Keizerstraat 16–18 | Tel. 03/226 19 66 | Fax 234 00 19 | www.dewittelelie.be* | €€€

AM ABEND

DE MUZE
Führender Jazzclub, angenehm intim. Fast jeden Tag Livekonzerte nach 22 Uhr. *Tgl. 12–4 Uhr | Melkmarkt 15*

NOXX
Die neue Kathedrale unter den Clubs und Diskos ist von Stardesignern su-

Großer Auftritt für die Kreationen des Modeschöpfers Walter van Beirendonck

per gestylt. Neben der großen Tanzfläche kleinere, mit unterschiedlichen Sounds von House bis Lounge. VIP-Lounges, Separees mit Luxusservice, Restaurant. Der absolute In-Treff. *Straatsburgdok/Noordkaai | Do 23–6 Uhr, Fr/Sa 23–7 Uhr | www.noxxantwerp.be*

OPER

Die Flämische Oper (VLOS, Vlaamse Opera Stichting) genießt einen sehr guten Ruf. Auch Symphoniekonzerte und Liederabende. *Frankrijklei 5 | Tel. 070/22 02 02 | www.vlaamseopera.be*

RED & BLUE ▶▶

Eine der größten Gay-Diskos Europas, im neuen Trendviertel. Junge Gäste, kosmopolitische Atmosphäre. Der Club organisiert auch im August das Gayfestival *Navigaytion (www.navigaytion.be). Fr/Sa 23–7 Uhr | Lange Schipperskapelstraat 11–13 | www.redandblue.be*

DE SINGEL ▶▶

Angesagtes Kulturzentrum für modernen Tanz, Avantgardetheater und alle Musikgenres. *Desguinlei 25 | Tram 2 | Tel. 03/248 28 28 | www.desingel.be*

AUSKUNFT

Dienst voor Toerisme | Grote Markt 15 | Tel. 03/232 01 03 | Fax 231 19 37 | www.dma.be (auch Auskünfte über thematische Führungen für Gruppen und Einzelpersonen)

Weitere Auskünfte gibt es unter *www.visitantwerpen.be;* für junge Leute: *www.use-it.be.*

ZIELE IN DER UMGEBUNG

ABDIJ VAN POSTEL [124 C2]

45 km östlich von Antwerpen liegt inmitten ausgedehnter Wälder die Norbertinerabtei mit romanischer Kirche, reich ausgestatteter Bibliothek und einem Laden, in dem traditionelle Produkte der Mönche verkauft werden. Im Sommer finden Orgel- und Glockenspielkonzerte statt. *Abdijlaan 16B | Tel. 014/37 81 21 | www.abdijpostel.be*

ARBORETUM KALMTHOUT [121 E3]

1857 begann ein Gartenbauer mit der Anlage dieses 12 ha großen botanischen Gartens 12 km nördlich von Antwerpen. Zu jeder Jahreszeit faszinieren Tausende genau beschriebener Pflanzen. Weltruf genießen die von Jelena De Belder gezüchteten Hamamelis- und Christrosensorten. Im Januar und Februar werden Hamamelis-Feste veranstaltet. Vorzüglicher Shop mit Pflanzen, Gartengeräten und Fachbüchern, Cafeteria. *15. März–15. Nov. tgl. 10–17 Uhr | Führungen 11 und 14 Uhr | Eintritt 4 Euro | Kalmthout | Heuvel 2 | www.arboretumkalmthout.be | Anfahrt über N1 und N117 oder mit dem Zug Antwerpen–Essen (Bahnhof Kalmthout)*

Insider Tipp

KALMTHOUTSE HEIDE [121 E3]

Nur wenige Kilometer vom Hafen entfernt beginnt Natur pur: 37,5 km² groß ist die Heidelandschaft mit ihren faszinierenden Sanddünen, beschaulichen Seen und 57 km ausgeschilderten Wander- und Radfahrwegen. *Anfahrt über N11 und N122 oder mit dem Zug Antwerpen–Essen (Bahnhof Heide); Auskunft: Dienst Toerisme | Putsesteenweg 129 | Kalmthout | Tel./Fax 03/666 61 01 | www.vvvkalmthout.be*

TURNHOUT [124 B2]

Turnhout, 32 km nordöstlich von Antwerpen gelegen, ist eine lebendige Stadt (38 500 Ew.), angelegt um das *Wasserschloss* der Herzöge von Brabant. Sein heutiges Aussehen erhielt der elegante Backsteinbau im 16. Jh. Die *Sint-Pieterskerk (tgl. 8 bis 18 Uhr)* am Rathausplatz ist ein Juwel der brabantischen Spätgotik mit monumentalem barockem Hochaltar, Chorgestühl, Beichtstühlen und Kanzel, hervorragender Barockorgel (1662) und großem Glockenspiel im Kirchturm (regelmäßig Konzerte). Eine mächtige Pforte führt in den beschaulichen *Beginenhof* mit alten Lindenbäumen und schöner Barockkirche *(Begijnhofmuseum Di–Sa 14 bis 17, So 11–17 Uhr | Eintritt 2,50 Euro | Begijnhof 56)*.

Anfang des 19. Jhs. entwickelte sich in Turnhout die Papierindustrie. Spezialität waren und sind Spielkarten. Ihnen gewidmet ist das herrliche *Nationaal Museum van de Speelkaart (Di–Sa 14–17, So 11–17 Uhr | Eintritt 2,50 Euro | Druivenstraat 18 | www.turnhout.be/speelkaartmuseum)*. An einigen Maschinen wird die Herstellung der Karten vorgeführt. Alle zwei Jahre im Dezember (2011, 2013 usw.) findet im Kulturzentrum *De Warande* das größte Comicfestival Flanderns statt *(www.stripturnhout.be)*. Im *Natuurpunt Museum (Di–Sa 9–12 und 13–17 Uhr | Eintritt frei | Graatakker 11 | www.natuureducatie.be)* gibt es die größte Buchhandlung der Benelux für Naturbücher.

Insider Tipp

Im Stadtzentrum finden Sie das romantische Bed & Breakfast *Bon-Bon Jour/Nuit (3 Zi. | Victoriestraat 10 | Tel. mobil 0494/78 88 37 | www.bonbonjournuit.be | €€)* mit Confiserie, Café, kleinem Wellnesscenter und stadtkundigen Eigentümern. *Priorij Corsendonk (47 Zi. und 31 ehemalige Mönchszellen | Corsendonk 5 | Oud-Turnhout | Tel. 014/46 28 00 | Fax 46 28 99 | www.corsendonk.be | €€)* ist ein ehemaliges Kloster, dem das gleichnamige Starkbier seinen Namen verdankt. Gutes Restaurant mit belgischer Küche. *Auskunft: Toerisme Turnhout |*

Grote Markt 14 | Tel. 014/44 33 55 | Fax 44 33 54 | www.turnhout.be

VERDRONKEN LAND VAN SAEFTINGHE [120–121 C–D4]
Pappeln säumen die Deiche und Kanäle der himmlisch ruhigen Polder am linken Scheldeufer. Hinter einem hohen Lehmdeich erstreckt sich das „Versunkene Land", eine 35 km² große Schlicklandschaft, die von zahllosen Vogelarten (u. a. Seeadler) bevölkert ist. Ein ästhetischer Genuss sind Tage, an denen die Sonne durch Nebel oder Wolken bricht.

Eine lehrreiche Ausstellung gibt es im *Besucherzentrum (Emmaweg 4 | Emmadorp | Tel. 0031/114/63 31 10 | kein Fax | j.neve@hetzeeuwselandschap.nl).* Das Zentrum organisiert auch Führungen (Kosten 5 Euro, Anmeldung erforderlich).

Anfahrt über E34 Antwerpen–Knokke, Ausfahrt Kieldrecht, dort in Richtung Nieuw-Namen und Emmadorp | www.saeftinghe.be

MECHELEN

[121 E6] **Jung und multikulturell empfängt Mechelen seine Besucher. In der Stadt (76 000 Ew.) haben sich zahlreiche Fachhochschulen angesiedelt – und Einwanderer, die zur Arbeit nach Antwerpen und Brüssel pendeln.** Alle miteinander bewacht der hohe Turm der monumentalen spätgotischen Kathedrale, auf dem die belgische Trikolore flattert. Denn in Mechelen residiert der Kardinalerzbischof – schließlich war Mechelen Anfang des 16. Jhs. die Hauptstadt der Niederlande. Aus dieser glanzvollen Epoche sind viele Baudenkmäler erhalten.

SEHENSWERTES

BEGIJNHOF
Vom kleinen Beginenhof ist noch die spätgotische *Sint-Katelijnekerk* übrig geblieben, vom großen Beginenhof auf der anderen Seite der Katelijnestraat die Kirche *Sint-Alexius.* Sie ist

Stilmix von Gotik bis Neogotik: das Stadhuis von Mechelen

ein barockes Juwel, an dem der einheimische Meister Lucas Fayd'herbe mitgewirkt hat.

BRUSSELPOORT

In dem eindrucksvollen Überbleibsel der alten Stadtmauer aus dem 13. Jh. wird Mechelens Geschichte dokumentiert. *Di–So 13–17 Uhr | Eintritt 2 Euro | Kreuzung Ring/Hoogstraat*

Heute befindet sich in dem Palais das Amtsgericht, der Innenhof ist frei zugänglich. *Keizerstraat*

JOODS MUSEUM VOOR DEPORTATIE EN VERZET

Das Museum in einer ehemaligen Kaserne dokumentiert die Geschichte von Juden und Exilanten vor der deutschen Besetzung Belgiens, die Verfolgung ab 1940, die Deportation nach Auschwitz von dieser Kaserne aus und den erbitterten Widerstand gegen die Nazis. *So–Do 10–17, Fr 10–13 Uhr | Eintritt frei | Goswin de Stassartstraat 153 | www.cicb.be*

Onze-Lieve-Vrouw-over-de-Dijle: „Petri Fischzug" von Peter Paul Rubens

HOF VAN SAVOYE

Der einheimische Architekt Rombout Keldermans – ein Star seiner Zeit, der in ganz Flandern tätig war –, schuf dieses Renaissancepalais für Margarete von Österreich, die Witwe des Fürsten von Savoyen. Die gebildete Statthalterin der Niederlande (1507 bis 1530) zog das beschauliche Mechelen der Hauptstadt Brüssel vor.

KONINKLIJKE MANUFACTUUR DE WIT Insider Tipp

Im Refugium der Mönche von Tongerlo aus dem Jahr 1484 stellt die

Manufaktur kostbare Tapisserien aus. De Wit restauriert Prachtexemplare aus aller Welt und webt auch moderne Kreationen. *Besichtigung und Führung Sa 10.30 Uhr | Eintritt 6 Euro | Schoutetstraat 7 | Tel. 015/20 29 05 | www.dewit.be*

ONZE-LIEVE-VROUW-OVER-DE-DIJLE

Die kleinere Version der Kathedrale wurde von der mächtigen Fischergilde in Auftrag gegeben. Sie leistete sich im 17. Jh. das Rubens-Triptychon „Petri Fischzug". *April–Okt. Di–So 13.30–17.30 Uhr, Nov.–März Di–So 13.30–16.30 Uhr | Eintritt frei | Onze-Lieve-Vrouwestraat*

SINT-ROMBOUTSKATHEDRAAL ★

Die harmonische, spätgotische Kathedrale von Rombout Keldermans ist das Wahrzeichen der Stadt. Der schon von Weitem sichtbare Turm wurde, statt der geplanten 167 m, nur 97 m hoch. *Führung Juli/Aug. tgl. 14.15 Uhr (ab Toerisme Stad Mechelen, Hallestraat 2–4), Ostern–Juni und Sept. Sa/So 14.15 Uhr ab Toerisme Mechelen | Eintritt 5 Euro*

Am Sitz des Kardinalerzbischofs erklingen zwei Glockenspiele. Regelmäßig spielen der Stadtglöckner und Gäste, die an der Königlichen Glöcknerschule in Mechelen studiert haben. *Kurzes Spiel Mo und Sa 11.30, So 15 Uhr, Konzerte Juni bis Sept. 20.30 Uhr | Eintritt frei | gratis Stühle im Garten des Kulturzentrums A. Spinoy gegenüber der Kathedrale*

STADHUIS

Mechelens Rathaus besteht aus einem Stilmix der Jahrhunderte: Der wuchtige mittlere Teil wurde Anfang des 14. Jhs. als Tuchhalle mit Belfried geplant, aber nie vollendet. Im 17. Jh. bekam der Belfried Dach und Türmchen, der kleinere rechte Flügel einen holländischen Giebel. Der sogenannte *Paleisvleugel* (Palastflügel) an der linken Ecke wurde 1911 im Stil der Neogotik vollendet.

STEDELIJK MUSEUM HOF VAN BUSLEYDEN

Im Renaissancepalais eines begüterten Humanisten sind zahlreiche Meisterwerke des örtlichen Kunst-

>LOW BUDGET

- Im *Haus der Seeleute* in Antwerpen kann jeder übernachten und sehr preiswert essen. *114 Zi | Falconrui 21 | Tel. 03/227 54 33 | Fax 234 26 03 | www.zeemanshuis.be*
- *Lijnrecht naar 't Museum:* 48 Stunden Fahrt mit den öffentlichen Verkehrsmitteln sowie Besuch aller Museen und Kirchen von Antwerpen für 20 Euro. *Bei Toerisme Antwerpen, De Lijn und in den Museen*
- Das Festival *Zomer van Antwerpen* bietet im Juli und August Vorstellungen zu demokratischen Preisen und Gratiskonzerte. *www.zva.be*
- Im Januar und Juli ist Schlussverkauf *(solden)*. Da kosten auch Designerkleider bis zu 70 Prozent weniger!
- Designerkleider gibt es in Antwerpen secondhand bei *Francis (Steenhouwersvest 14) und Belchique (Kloosterstraat 177 | www.belchique.com).*
- *Record Collector* führt Secondhand-LPs und -CDs seit den Fifties für 1 Euro. *Lange Koepoortstraat 70 | Antwerpen*

handwerks zu bewundern, insbesondere geprägte, vergoldete Ledertapeten, Kabinettschränke, Tapisserien und kleinere Glockenspiele. *Di–So 10–17 Uhr | Eintritt 2 Euro | De Merodestraat 65–67*

ESSEN & TRINKEN

Insider Tipp

GRAND CAFÉ LAMOT

Nette Brasserie am angesagten Fischmarkt, traumhafte Terrasse. Sehr schönes Frühstück. *Tgl. | Beethovenstraat 8/10 | Tel. 015/20 95 30 | www.grandcafelamot.be* | €

D'HOOGH

Traditioneller Treff, örtliche Spezialitäten (Spargel). *Sa-Mittag, So-Abend und Mo geschl. | Grote Markt 19 | Tel. 015/21 75 53 | www.dhoog-restaurant.be* | €€€

ÜBERNACHTEN

HOTEL CAROLUS

Originelles Hotel im Gebäudekomplex der alten Brauerei Het Anker. Ruhige Zimmer mit Blick auf den Beginenhof. Angeschlossen ist eine Brasserie. *22 Zi. | Guido Gezellelaan 49 | Tel. 015/28 71 41 | Fax 28 71 42 | www.hotelcarolus.be* | €

HOTEL VÉ

Designhotel in einer ehemaligen Fischräucherei am Fischmarkt. Sehr netter Service. *36 Zi. | Vismarkt 14 | Tel. 015/20 07 55 | Fax 20 07 60 | www.hotelve.com* | €€–€€€

AUSKUNFT

Dienst Toerisme Stad Mechelen | Hallestraat 2–4 | Tel. 015/29 76 55 | Fax 29 76 53 | www.inenuitmechelen.be

> BÜCHER & FILME

Kritisch, komisch, spannend: Flandern-Perspektiven

> **Brüder** – Der erfolgreiche Kinderbuchautor Bart Moeyaert erinnert sich an seine unbeschwerte Kindheit in Flandern.

> **Der Kummer von Flandern** – In dem meisterlichen Familienepos rechnet Hugo Claus mit den katholischen, faschistischen Spießern in der westflämischen Provinz zwischen 1930 und 1950 ab.

> **Meine zweite Haut** – Durch die Brille eines Heranwachsenden schildert Erwin Mortier den sozialen Aufstieg der Flamen in den Jahren 1955–75.

> **Schlaf!** – Annelies Verbeke verfolgt in ihrem Debütroman eine Frau, die nicht schlafen kann und durch Antwerpen irrt.

> **Die Midas-Morde** – Wie alle Krimis von Pieter Aspe spielt auch dieser in Brügge, mit dem bierseligen Polizeikommissar Pieter Van In und einer flotten Staatsanwältin.

> **Ben X** – Nic Balthazar hat weltweit Erfolg mit seinem packenden, in Flandern gedrehten Film über einen autistischen Jungen.

> **Brügge sehen ... und sterben?** – Eine Mischung aus Thriller und Comedy von Martin McDonagh, mit Stars wie Colin Farrell und Ralph Fiennes – und in der Hauptrolle der Drehort Brügge.

> **Los** – Jan Verheyen vertieft sich in das progressive Flandern, das Rassismus verabscheut und Euthanasie gutheißt. Kulisse ist Antwerpen.

ZIEL IN DER UMGEBUNG

WESTERLO [124 B3–4]

28 km nordöstlich von Mechelen liegt das schmucke Städtchen (21 500 Ew.) mitten im Grünen. Sehenswert sind das *Renaissance-Wasserschloss De Mérode* sowie im Stadtteil Tongerlo zwischen Feldern und Wäldern das immense Geviert

Eine schnurgerade Landstraße durch die Wälder verbindet Tongerlo mit der ebenfalls 1130 von den Norbertinern gegründeten ★ *Abdij van Averbode (tgl. 7 Uhr Laudes, 18 Uhr Vesper, Kirche tgl. 7–11.30 und 13.30 bis 19 Uhr geöffnet, So 15 Uhr Führung | Eintritt 2 Euro | www.abdijaverbode.be).*

Strahlend weiß erhebt sich die Kirchenfassade der Norbertinerabtei Tongerlo

der im Jahr 1130 gegründeten *Norbertinerabtei Tongerlo (Führungen April–Sept. So 14.30 Uhr | www.tongerlo.org)* mit seinen alten Wirtschaftsgebäuden und einer weißen Kirche im Stil der Neogotik. Die Attraktion im eleganten klassizistischen *Abtspalais Museum (tgl. 14–17 Uhr | Eintritt 2 Euro)* ist eine Kopie auf Leinwand von Leonardo da Vincis Fresko „Das Letzte Abendmahl".

Der harmonische Innenhof und die prächtige, auf kreuzförmigem Grundriss errichtete Barockkirche mit ihren kostbaren Holzschnitzereien, Marmorskulpturen und -altären und Orgeln machen Averbode zur schönsten Abtei ganz Flanderns. Und der Ort hat noch mehr zu bieten: In den Wirtschaftsgebäuden druckt der Verlag der Pater Comics und Kinderbücher.

> BLÜTENPRACHT IM RÖMISCHEN MAASLAND

Limburgs Landstriche eignen sich wunderbar zum Wandern und Radeln wie auch für den Wassersport

> Limburg ist Flanderns grüne Provinz. Im flachen Norden erstrecken sich auf den kargen Sandböden der Landschaft Kempen ausgedehnte Kiefern- und Birkenwälder. Weite Flächen Heidekraut wechseln mit beschaulichen Seen ab. Kanäle führen von der Maas, die die Grenze zu den Niederlanden bildet, zur Nordsee. Der Haspengau genannte Süden ist hingegen hügelig und dank reicher Lössböden Kornkammer, Obstgarten und Weideland, von Eichen, Pappeln und Linden gesäumt und von Bächen durchzogen.

In diesem alten Siedlungsgebiet von Kelten, Römern und Franken trifft die Redensart zu: „Jedes limburgische Dorf hat seinen Baron." Mächtige Wasserburgen, elegante Schlösser und stattliche Gutshöfe – in einigen kann man die Ferien verbringen – gehören heute noch den Nachfahren alter Adelsgeschlechter. Märchenhaft ist der Haspengau im

Bild: Rokokoschloss Hex im Haspengau

HASSELT

SEHENSWERTES

NATIONAAL JENEVERMUSEUM

Im 19. Jh. zählte Hasselt Dutzende Genever-Brennereien. Das Museum führt in Herstellung und Sozialgeschichte ein. In der Schenke bekommt jeder Besucher ein *borreltje. April–Okt. Di–So 10–17 Uhr, Nov. bis März Di–Fr 10–17, Sa/So 13–17 Uhr | Eintritt 3,50 Euro | Witte Nonnenstraat 19 | www.jenevermuseum.be*

SINT-QUINTINUSKATHEDRAAL

Die älteste Kirche der Stadt wurde 1967 in den Rang einer Kathedrale erhoben. Im fein restaurierten Inneren ist ein Triumphkreuz aus dem 15. Jh. zu sehen. Im Turm befindet sich ein Glockenspielmuseum. *Tgl. 8–18 Uhr | Vismarkt/Fruitmarkt*

VIRGA-JESSE-BASILIEK

Die Jungfrau Maria wird in Hasselt besonders verehrt. Angeblich wehrte die Skulptur der lächelnden Madonna im Jahr 1867 die Rinderpest ab. Seither wird sie alle sieben Jahre durch die Stadt getragen (nächste Prozession 2010). Den Innenraum der Basilika schmücken verschwenderisch ausgestattete Barockaltäre. *Tgl. 8–18 Uhr | Kapelstraat*

Praktisch autofrei: In der Innenstadt von Hasselt kann man in Ruhe bummeln und einkaufen

ESSEN & TRINKEN

AUGUSTINA

Eine nette Brasserie, typisch belgische Küche im Jugendstilambiente, auch Terrasse. Hier gibt's auch preiswerte Kindermenüs. *Tgl. | Leopoldsplein 23 | Tel. 011/24 16 98 | www.augustina.be* | €

LIMBURG

April, wenn die Apfel-, Birn- und Kirschbäume blühen.

Städte spielten in der Gegend, die zum Fürstbistum Lüttich gehörte, keine große Rolle – entsprechend klein sind sie. Dafür ging Oud-Rekem aus einem landesweiten Wettbewerb als schönstes Dorf Flanderns hervor. Diese Überschaubarkeit und die gemütliche, freundliche Art der Limburger machen die Anziehungskraft der Provinz aus.

HASSELT

[124 C5] **Die Hauptstadt der Provinz ist auch ihre größte Stadt (68 000 Ew.), modern und trendy. An mehreren Hochschulen studieren Tausende junger Leute. Sie beleben Dutzende Cafés, Gaststätten und Restaurants.** Die weitgehend verkehrsfreie Innenstadt fördert das rege Leben auf Straßen und Plätzen noch: Kleinbusse pendeln kostenlos zu den Parkplätzen an der Ringstraße.

CAFÉ CONTRAST
Vom Frühstück bis zum spätabendlichen Souper gibt es hier gute belgische Gerichte. Stimmungsvoller Innenhof. *Tgl. | Badderijstraat 14 | Tel. 011/23 67 06 |* €

TARATATA
Cool gestylter Treff des jungen Hasselt. Fusion-Gerichte. *So/Mo geschl. | Minderbroedersstraat 5 | Tel. 011/23 47 67 | www.taratata.be |* €–€€

EINKAUFEN

Demerstraat, Hoogstraat, Koning Albertstraat und *Maastrichterstraat* stehen für ein eher preiswertes Angebot. In der *Kapelstraat,* der *Aldestraat* und der *Lombaardstraat* befinden sich schicke Modeboutiquen und Einrichtungshäuser.

STIJN HELSEN
Der einheimische Wonderboy, der das Fach bei Giorgio Armani und Vivienne Westwood lernte, stellt seine pfiffige Kleidung zuerst in der eigenen Boutique vor. *Kapelstraat 32 | www.stijnhelsen.be*

ÜBERNACHTEN

HOTEL PAX
In zentraler Lage am belebten Marktplatz, mit einfach ausgestatteten Zimmern. *9 Zi. | Grote Markt 16 | Tel. 011/22 38 75 | Fax 24 21 37 |* €

HOTEL PORTMANS
Freundliches Familienhotel im Zentrum der Stadt. Moderne, um ein Atrium angeordnete Zimmer. *14 Zi. | Minderbroedersstraat 12–14 | Tel. 011/26 32 80 | Fax 26 32 81 | www.hotelportmans.be |* €

AM ABEND

MEGADISCOTHEEK VERSUZ ▶▶
Szenediskothek am Hafen, unbedingt vorher die Kleiderordnung erfragen. *Mo, Do, Sa ab 22 Uhr | Slachthuiskaai 6 | www.versuz.be*

MUZIEK-O-DROOM Insider Tipp
Tonangebendes Zentrum für junge, experimentelle Popmusik. *Mo–Fr 16–23.30, Sa 9.30–19 Uhr | Bootstraat 9 | www.muziekodroom.be*

AUSKUNFT

Toerisme Hasselt | Lombaardstraat 3 | Tel. 011/23 95 42 | Fax 22 50 23 | www.hasselt.be

ZIELE IN DER UMGEBUNG

BOCHOLT **[125 D3]**
11 000 Ew. zählt der 37 km nordöstlich von Hasselt gelegene Ort, Hochburg der Schützenvereine (Feste im

MARCO POLO HIGHLIGHTS

★ **Landcommanderij Alden-Biesen**
Mit dem imposanten Schloss zeigte der Deutsche Orden seine Macht (Seite 88)

★ **Gallo-Romeins Museum**
Moderner Rahmen für altes Gold und Silber – in Tongeren (Seite 89)

★ **Onze-Lieve-Vrouwebasiliek**
Gotischer Prachtbau voller Kunstschätze in Tongeren (Seite 89)

★ **Sint-Truiden**
Heiteres Rokoko im Zentrum blühender Obstgärten (Seite 91)

Juli). Sehenswert sind die spätgotische *Sint Laurentiuskerk* und das riesige Insider Tipp *Brauereimuseum (Bocholter Brouwerijmuseum | Juli/Aug. tgl. 13 bis 18 Uhr | Eintritt 5 Euro | Dorpsstraat 53 | www.bocholterbrouwerijmuseum.be)*, in dem unzählige Geräte aus dem 18. bis 20. Jh. ausgestellt sind. Feinschmecker zieht es in die nahe gelegene *Käserei (Kaasmakerij Catharinadal | Catharinadal 5 | Hamont-Achel | Tel. 011/64 13 09 | www.catharinadal.be)*, die Belgiens königliche Familie mit ihren Spezialitäten beliefert.

LANDCOMMANDERIJ ALDEN-BIESEN ★ [125 D5]

Das imposante Wasserschloss 20 km südöstlich von Hasselt war Sitz des Deutschen Ordens. In den prunkvollen Repräsentationsräumen wird die Geschichte des Ordens vorgestellt. Wanderwege führen durch die stilvoll angelegten Gärten und Parks. Es finden regelmäßig Konzerte mit klassischer Musik statt. Nette Gutsschenke. *Ostern–Okt. tgl. 10–18 Uhr, Nov./Dez. und Feb.–Ostern Di–So 10–17 Uhr | Eintritt Schloss und Gärten 3 Euro | Kasteelstraat 6 | Rijkhoven-Bilzen | Tel. 089/51 93 93 | www.alden-biesen.be*

Das Wasserschloss Alden-Biesen war früher Sitz des Deutschen Ordens

MAASEIK [125 E3]

Die 33 km nordöstlich von Hasselt gelegene Stadt (23 000 Ew.) ist ein Dorado aller Wassersportler. Es gibt einen großen Yachthafen *(Marec CVBA | Maasdijk | Kinrooi-Ophoven*

| Tel. 089/56 75 03 | *www.marec.be)* und einen Kajakclub *(De Oeter | Ophovenstraat 135 | Maaseik-Neeroeteren | Tel. 011/66 38 87 | www.oeter.be)* mit Vermietung. Zum Angebot gehören auch Wasserski- und Speedbootfahren *(Marec Heerenlaak | Heerenlaakweg 100 | Maaseik | Tel. 089/56 75 03 | www.marec.be)* sowie Segeln und Surfen *(Sporta Beachclub | Heerenlaakweg 68 | Maaseik | Tel. 089/56 77 61 | www.sporta.be).*

Am *Marktplatz* und in seinen Nebenstraßen finden sich zahlreiche Gaststätten. Für Kunstliebhaber lohnen sich Blicke auf die Kostbarkeiten in der neogotischen *Sint-Catharinakerk* und das Rokokointerieur der *Sint-Jacobskerk* sowie auf die romanische *Sint-Annakerk.*

Auskunft: Toerisme Maaseik | Markt 1 | Tel. 089/81 92 90 | Fax 81 92 99 | www.maaseik.be

TONGEREN

[125 D6] Tongeren (30 000 Ew.) ist eine gemütliche Provinzstadt – selbst sonntags, wenn Händler und Besucher zum Floh- und Antiquitätenmarkt in Flanderns älteste Siedlung strömen. 54 v. Chr. schlugen die keltischen Eburonen unter ihrem Fürsten Ambiorix (Denkmal auf dem Marktplatz) hier das Heer Cäsars. Ein Jahr später wurden sie dann doch römisch, und *Atuatuca Tungrorum* stieg zu einer großen Stadt an der Handels- und Heerstraße von Köln nach Boulogne und Paris auf.

Das Tongeren von heute ist großteils nach dem Zweiten Weltkrieg gebaut worden.

SEHENSWERTES

GALLO-ROMEINS MUSEUM ★

Kostbare Fundstücke aus der Zeit der Kelten, Römer und Merowinger glänzen im Inneren eines eleganten Neubaus. Der limburgische Stararchitekt Alfredo De Gregorio hat dafür die schönsten belgischen Natursteine ausgewählt. Mit einer angenehmen Cafeteria. *Mo 12–17, Di–Fr 9–17, Sa/So 10–18 Uhr | Eintritt 5 Euro | Kielenstraat 15 | www.galloromeinsmuseum.be*

MOERENPOORT

In der markanten Stadtpforte aus dem Jahr 1379 wird Tongerens Geschichte lebendig. Von den Zinnen bietet sich ein Panoramablick auf Stadt und Umland. *Mai–Sept. Sa/So 11–17 Uhr | Eintritt 1 Euro | Ecke Leopoldwal/Kastanjewal*

ONZE-LIEVE-VROUWEBASILIEK ★

Unter der eindrucksvollen Liebfrauenbasilika erinnern Reste eines Got-

>LOW BUDGET

- Tongeren stellt Fahrräder gratis zur Verfügung (Kaution 10 Euro). *Toerisme Tongeren im Rathaus*
- Ein großes Angebot preiswerter Unterkünfte auf Bauernhöfen findet sich unter *www.hoevetoerisme.be.*
- Toerisme Limburg bietet den *Limburgpas* an. Er ist für ein Jahr (und für bis zu vier Personen) gültig und gewährt erhebliche Ermäßigungen beim Eintritt in Museen, Kirchen und Attraktionen. *Erhältlich bei den Fremdenverkehrsämtern und in den Hotels*

teshauses aus dem 4. Jh. daran, dass Tongeren kurze Zeit Bischofssitz war. Aus späterer Zeit stammt der romanische Kreuzgang eines Chorherrenstifts. Von der Bedeutung der Kirche zeugen kostbare Kunstwerke wie der große Schnitzaltar und das Triumphkreuz im Chor, die wertvollen Elfenbeinplatten und Reliquienschreine in der Schatzkammer. Regelmäßig Orgel- und Glockenspielkonzerte. *Tgl. 9–17 Uhr | Schatzkammer April bis Sept. tgl. 10–12 und 13.30–17 Uhr | Eintritt 2,50 Euro | Grote Markt*

ESSEN & TRINKEN

BLANCKAERT

Die beste Konditorei der Stadt, auch Snacks und Brunch. *Mo geschl. | Maastrichterstraat 62* | €

BRASSERIE BAZILIK

Nettes Lokal, mehrere Stockwerke, angenehme Terrasse neben der Basilika. Gute Küche, Kindergerichte, schöne Auswahl limburgischer Biere und Weine. Netter Service. Geöffnet 10–24 Uhr. *Tgl. | Kloosterstraat 1–3 | Tel. 012/21 33 24 | www.bazilik.be* | €

Turm der Liebfrauenbasilika und Denkmal des Ambiorix in Tongeren

DE MIJLPAAL

Modernes Ambiente für saisonale Küche, die Kräuter kommen aus dem eigenen Garten. *Do geschl. | Sint-Truiderstraat 25 | Tel. 012/26 42 77* | €€

EINKAUFEN

350 bis 400 Händler nehmen am *Floh- und Antiquitätenmarkt (So 6 bis 13 Uhr | Veemarkt | Leopoldswal)* teil.

ÜBERNACHTEN

Insider Tipp HOTEL EBURON

Topdesigner aus Limburg haben ein ehemaliges Hospiz zu einem attraktiven Hotel gestylt. Große, lichtdurchflutete Zimmer mit avantgardistischen Badebereichen, tolle Winebar, netter Innenhof. Schöne Aussicht von der Terrasse des Frühstückraums. Der Antiquitätenmarkt ist gleich vor der Haustür. *52 Zi. | De Schiervelstraat 10 | Tel. 012/23 01 99 | Fax 012/26 13 70 | www.eburonhotel.be* | €€–€€€

VILLA ESPERANZA

Stilvolles Bed & Breakfast am Stadtrand. Die Zimmer der Villa aus dem Jahr 1900 sind sehr geräumig und elegant. *3 Zi. | Bilzersteenweg 155 | Tel./Fax 012/23 12 22 | www.villa-esperanza.be* | €€

AUSKUNFT

Toerisme Tongeren | Stadhuisplein 9 | Tel. 012/39 02 55 | Fax 39 11 43 | www.tongeren.be

ZIELE IN DER UMGEBUNG

BORGLOON [124 C5–6]

Das schmucke alte Städtchen (10 000 Ew.) auf einem Hügel inmitten der endlosen Obstgärten des Haspengaus, 10 km westlich von Tongeren, war Stammsitz der Grafen von Loon. Elegant ist das *Renaissancerathaus*, stattlich die romanische *Sint-Odolfuskerk*, von deren Vorplatz sich eine schöne Aussicht auf den Haspengau bietet.

SINT-TRUIDEN ★ [124 C5]

20 km westlich von Tongeren liegt dieses adrette Zentrum des Obstanbaus (36 000 Ew.). Es entstand im 7. Jh. rund um die *Sint-Trudo-Abtei* – der Komplex am Marktplatz ist heute Internatsschule. Sehenswert sind der *Academiezaal* und der im Rokokostil ausgestaltete *Keizerzaal (April–Okt. Sa/So 14–18 Uhr | Eintritt 2 Euro)*. Vom Turm der Abtei hat man eine wundervolle Aussicht *(April bis Sept. Di–So 10–17 Uhr, Okt.–März Di–So 10–16 Uhr, Eintritt 2 Euro)*. Im heiteren Rokokostil wurde auch das *Rathaus* auf dem weiten Marktplatz erbaut. In der benachbarten gotischen *Onze-Lieve-Vrouw-Hemelvaartkerk* sind kostbare Holzschnitzereien und eine überquellende *Schatzkammer (Sa/So 14–17 Uhr | Eintritt frei)* zu sehen. In der Kirche finden regelmäßig Orgelkonzerte statt. Einen Steinwurf entfernt können Sie strahlendes Rokoko-Interieur in der *Minderbroederkerk (Minderbroedersplein)* bewundern. Flanderns älteste *Beginenhofkirche* (1258) hat gewölbte Holzdecken und mittelalterliche Fresken *(Begijnhof | April bis Okt. Di–Fr 10–12.30 und 13.30–17, Sa/So 13.30–17 Uhr | Eintritt frei)*.

Vorzüglich speist man, im Sommer in einem traumhaften Garten, im *Aen de Kerck van Melveren (Mo/Mi-Abend, Sa-Mittag und So-Abend geschl. | Sint-Godfriedstraat 15–21 | Tel. 011/68 39 65 | www.aendekerck | €€)*. Zünftige Brotmahlzeiten kommen in der alten *Brauerei Kerkom* (Insider Tipp) *(April–Okt. Di, Nov.–März Mo–Mi geschl. | Naamsesteenweg 469 | Tel. 011/68 20 87 | www.brouwerijkerkom.be)* auf den Tisch. *Auskunft: Dienst Toerisme | Stadhuis | Grote Markt | Tel. 011/70 18 18 | Fax 70 18 20 | www.toerisme-sint-truiden.be*

> LIEBLICHE LANDSCHAFT, BURGEN UND BIER

Radeln Sie von Punkt zu Punkt durch den Haspengau, und entdecken Sie das hügelige Pajottenland

Die Touren sind auf dem hinteren Umschlag und im Reiseatlas grün markiert

1 BUKOLISCHE LANDSCHAFTEN IM HASPENGAU

Diese 55 km lange Fahrradtour beschreibt eine Schleife durch den Haspengau: zum Château de la Motte und zum Rokokoschloss Hex, nach Borgloon und durch das Naturschutzgebiet am Herkbach. Ausgangs- und Endpunkt ist Sint-Truiden. Beim *Dienst Toerisme* können Sie Fahrräder mieten *(8 Euro pro Tag, mit Kindersitz 9 Euro | April–Sept. tgl. 10 bis 18 Uhr | Grote Markt 44 | Reservierung Tel. 011/33 27 56).* Hier gibt es auch die detaillierte Karte und das *Fietsinfoboekje* (für 7,50 Euro), die die Route kinderleicht machen. Alle Radwege sind mit blauen Schildern gekennzeichnet, die Kreuzungen *(knooppunten)* sind präzise angegeben. Die beschriebene Tour verläuft über die *knooppunten* 134–168–169–161–163–159–158–157–156–151–152–153–148–149–171–189–135. Alle Auskünfte über das Radlerparadies bietet *www.toerismelimburg.be.*

Bild: Obstbäume im Haspengau

AUSFLÜGE & TOUREN

Im Frühjahr fasziniert der Haspengau mit der Pracht von Millionen Obstblüten, im Sommer locken wogende Kornfelder und im Herbst die golden in der Sonne schimmernden Bäume. Sie radeln, teils auf autofreien Wegen und meist auf Asphalt, einfach von Punkt zu Punkt. In der Karte sind die Entfernungen, Steigungen, Gaststätten, Picknickplätze, Unterkünfte und Sehenswürdigkeiten eingetragen, im Begleitbuch werden sie beschrieben. An den Wegen gibt es Übersichtskarten und Infosäulen. Das limburgische Netz bietet auch eine Pannenhilfe. Viele Hotels und Bed & Breakfasts sind bereit, das Gepäck zum nächsten Halt zu bringen.

Blaue Schilder mit der Aufschrift *Fietsroutennetwerk* bringen Sie vom Grote Markt im Stadtzentrum von **Sint-Truiden** *(S. 91)* zum **knooppunt 134**. Dann radeln Sie zunächst durch eine flache Landschaft mit schier endlosen Spalieren von Apfel- und Birnbäumen. Kornfelder, Viehweiden und kleine Kapellen mit Heiligenplastiken bringen Abwechslung, der Blick geht in die Ferne. Von **Nr. 168** bis **Nr. 161** ist der Weg schnurgerade wie eine alte römische Heerstraße. Danach geht's in eine sanfte Tallandschaft, der Weg windet sich durch Hohlwege, es geht Hügel rauf und runter. An Bächen und Weihern tummeln sich Enten und Gänse, in den Auen rauschen Pappeln und Weiden. Sie fahren durch schmucke Dörfer mit stattlichen Gutshöfen und Kirchen, vorbei an Wasserburgen und Lustschlössern. **Château de la Motte** hat ein Café, in dem Radfahrer willkommen sind, im Park gibt es Bänke zum Ausruhen und einen Kinderspielplatz. Einen Moment innehalten sollten Sie in **Heks**. An einem Hügel am Dorfrand steht das rote **Rokokoschloss Hex** *(www.hex.be)* – im Juni und September gibt es hier ein Insider Tipp Festival für Rosen, Gemüse und seltene Pflanzen.

Bei **knooppunt 151** lohnt sich ein kleiner Abstecher nach **Borgloon** *(S. 91)*. Am Rand der Stadt liegt das schmucke, weiß gekalkte **Zisterzienserinnenkloster Marienlof Colen** mit alter Schmiede und seinem **Museum des Obstanbaus** *(Fruitstreekmuseum | Mo–Fr 10–17 Uhr, Sa/So 13–17.30 Uhr | Eintritt 1 Euro | Colenstraat)*.

Ab **knooppunt 153** radeln Sie durch das liebliche Naturschutzgebiet um den **Herkbach**. An geschützten Hängen wird Wein angebaut. Nach **Nr. 149** geht es wieder aufwärts und der Blick wieder in die Ferne. Ab **Nr. 189** bringen blaue Schilder mit der Aufschrift *Centrum* Sie wieder zurück zum Ausgangspunkt in Sint-Truiden.

2 BURGEN, BIER UND BRUEGEL IM WESTLICHEN BRABANT

Diese 90 km lange Tagestour führt Sie durch das westliche Brabant. Im hügeligen Pajottenland, von dem sich der berühmte Maler Pieter Bruegel inspirieren ließ, wird das besondere Gueuze-Bier gebraut. Die Fahrt geht von der Burg Beersel über Schloss Enghien zur stillen Landschaft bei Vollezele. Auf Schloss Gaasbeek folgen die gotischen Kirchen von Ternat, Asse und Merchtem. Bei der Wasserburg Diepensteyn züchtet die Brauerei Palm noch die altbrabantischen Zugpferde. Für diese Tour über kleine Nebenstraßen empfiehlt sich eine Detailkarte.

Gleich hinter der Ausfahrt 19 der Autobahn E19 Brüssel–Paris zeigt sich die mittelalterliche **Wasserburg Beersel** *(März–Nov. Di–So 10–12 und 14–18 Uhr, Nov./Dez., Feb. Sa/So 10 bis 12 und 14–17 Uhr | Lotsestraat 65)*. Gegenüber der Kirche liegt das Restaurant *3 Fonteinen (Di/Mi geschl. | Herman Teirlinckplein 3 | Tel. 02/331 06 52 | www.3fonteinen.be | €)*, dahinter die altmodische Gueuze-Brauerei der Familie Debelder.

Die *Hoogstraat* führt aus Beersel hinaus nach **Alsemberg**. Biegen Sie an der Ampel gegenüber der spätgotischen Kirche rechts ab nach **Halle** – die hochgotische **Sint-Martinus-Kirche** mit einer verehrten Marienskulptur lohnt den Besuch. Weiter geht's quer durch die Felder, über Beert, Den Daal und Bosstraat nach **Enghien** (oder **Edingen**, das Städtchen liegt an der Sprachengrenze). Ein Renaissancetriumphbogen erinnert noch an das Schloss der Herzöge von Arenberg, geblieben ist der herrliche Park. Über die N255 fahren Sie nach **Herne** mit seiner romanischen Kirche und **Vollezele**, wo Sie am Kirchplatz links Richtung **Congoberg** abbiegen. Zu Ihren Füßen liegt eine friedliche Landschaft, durch die sich die *Repingestraat* schlängelt. Ein Feldweg führt zum alten **Abteigut Leysbroek** *(Repingestraat 9)*, wo der Bildhauer Koenraad Tinel gern Besucher empfängt.

Fahren Sie zurück ins Dorf Vollezele und zur Kreuzung N255/N272, und biegen Sie links ab. Über Kester, Kestergat (dort die N28 überqueren) und Elingen gelangen Sie quer durch die sanfte Hügellandschaft zum **Kasteel van Gaasbeek** *(April–Okt. Di–Do, Sa/So 10–18 Uhr, Eintritt 4 Euro | Park 10–20 Uhr, Eintritt frei | www.kasteelvangaasbeek.be)*, einer gewaltigen mittelalterlichen Burg der Herzöge von Brabant mit wertvollen Kunstwerken im Inneren.

Über Goudveerdegem gelangen Sie nach **Wambeek** mit einer sehenswerten Kirche aus der Spätrenaissance und der alten Gueuze-Brauerei **De Troch** *(Langestraat 20 | www.detroch.be)*. Jetzt fahren Sie über **Ternat**, **Asse** und **Merchtem** (mit eindrucksvollen Kirchen) nach **Steenhuffel**: **Brauerei Palm** *(Steenhuffeldorp 3)* ist eine der ältesten Familienbrauereien, die neben ihrem hellen Starkbier auch die Spezialbiere *Brugse Tripel* und *Rodenbach* braut. Hinter der alten Brauerei entdecken Sie die **Wasserburg Diepensteyn**, die letzte bedeutende Zucht der schweren Brabanter Zugpferde *(Besuch nach Anmeldung bei Martine Devaux | Tel. 052/31 74 14)*. Insider Tipp

Von Steenhuffel geht's nach Wolvertem auf die A12 zum Autobahnring. Richtung Charleroi/Mons/Paris gelangen Sie wieder nach Beersel.

Außen wuchtig, innen Kunst: Kasteel van Gaasbeek im westlichen Brabant

EIN TAG IN ANTWERPEN

Action pur und einmalige Erlebnisse.
Gehen Sie auf Tour mit unserem Szene-Scout

VERFÜHRERISCH

9:00

Wer kann da schon Nein sagen? Frische Waffeln mit geschlagener Sahne und eine heiße Schokolade! Die süßen Verlockungen im *Désiré de Lille* locken Naschkatzen an. Dank 100-jähriger Familientradition gibt es hier die besten Waffeln der Stadt! **WO?** *Schrijnwerkersstraat 16 | Tel. 03/233 62 20 | www.desiredelille.be*

9:30

LOOK AROUND

Carolien Krijnen führt einen per Bike zu den besten Plätzen der Stadt und gibt Insidertipps. Entlang der Schelde zum Hotspot der Stadt *'t Eilandje* radeln, die Shoppingmeile *Meir* queren und beim Justizpalast enden. **WO?** *Treffpunkt: Steenplein 1 | Anmeldung unter carolien.krijnen@gmail.com | Kosten: 17 Euro/3 Std. | www.antwerpconnection.com*

POMMES & KUNST

12:30

Einmal probiert und schon süchtig: Echte belgische Pommes stehen in direktem Zusammenhang mit dem Glückshormonpegel. In der *Frituur Max* eine extragroße Portion bestellen und dann mit dem Snack ins Pommesmuseum, das sich direkt über dem Imbiss befindet, gehen. Das einzige Musuem, in dem essen nicht verboten, sondern erwünscht ist! **WO?** *Groenplaats 12 | Tel. 0495/21 35 80 | www.fritkotmax.be*

14:30

NASEWEIS

In der Parfümerie *In Fine* findet man, wonach man schon immer gesucht hat: den eigenen Duft! Mit viel Geduld kommt immer wieder eine neue Komponente zum Grundton dazu – so lange, bis man das perfekte Parfum kreiert hat. Wem bei so vielen Gerüchen der Kopf schwirrt, der steckt seine Nase in ein Säckchen mit Kaffeebohnen, das neutralisiert. **WO?** *Grote Markt 19 | Mo geschl. | Tel. 03/288 53 88 | www.parfumeur.be*

24 h

KLETTERMAXE

15:00

Ziel ist der Gipfel, auch in einer Kletterhalle. Bei jedem Handgriff an der größten Kletterwand der Stadt werden ungeahnte Kräfte mobilisiert. Farben markieren die unterschiedlichen Schwierigkeitsgrade an der Wand. So kommen Anfänger gar nicht erst von der richtigen Route ab. **WO?** *Klimindoor, Gijzelaarstraat 21, Antwerpen-Zuid | Tel. 03/248 33 77 | Kosten: 8,50 Euro | www.klimindoor.be*

17:00

LECKER-BÄCKER

Trüffel aus Milchschokolade, Marzipan mit dunkler Schokolade oder feine Täfelchen mit Haselnüssen: Beim Workshop von *Sweets at home* lernt man von einem Profi, die Köstlichkeiten selbst zuzubereiten, und hat nebenbei ein perfektes Mitbringsel für die Lieben zu Hause. **WO?** *Treffpunkt und Anmeldung unter Tel. 0476/76 01 99 | Kosten: ab 40 Euro | www.sweetsathome.be*

GAUMENSCHMEICHLER

20:30

Dinner im *Bitterpeeën* heißt: Fondue au parmesan, Croquettes crevettes und Escargots in kuscheliger Atmosphäre irgendwo zwischen Boheme-Bistro und elegantem Künstlercafé genießen. An den Wänden hängen Fotos von früheren Besuchern und Stammgästen. Da gibt es einiges zu entdecken. **WO?** *Ijzerlaan 26 | Tel. 03/227 46 96 | www.bitterpeeen.be*

23:00

CLUBBING

In Sachen Clubbing die erste Adresse: das *Café d'Anvers*. Residents wie DJ Filliz oder DJ Prinz gehören zum Besten, was die House- und Technoszene Flanderns zu bieten hat. Margarita bestellen und zu Deep- und Elektrohouse die Hüften kreisen lassen. **WO?** *Verversrui 15 | Do, Fr, Sa | Kosten: 8 Euro | Tel. 03/226 38 70 | www.cafe-d-anvers.com*

> OUTDOOR IST IN

Segeln und Surfen, Radtouren mit den Kindern, Wanderungen auf großem Fuß – Flandern lockt Aktivurlauber an

> Flandern grenzt im Westen an den Ärmelkanal und im Osten an die Maas. Zahllose Kanäle durchziehen die Landschaft, ein ausgeklügeltes Schleusensystem verbindet sie mit großen und kleinen Flüssen. Flamen und Wasser gehören zusammen – weit verbreitet sind folglich alle Arten von Wassersport. Zu den besonderen Erlebnissen gehört die langsame Version einer Bootstour, auf der man Land und Städte von der *waterkant* aus entdecken kann. Der wahre Nationalsport ist im *platte land* allerdings das Radfahren – selbst der Premierminister übt ihn aus. Auch junge Leute können sich nach Herzenslust austoben, zum Beispiel beim Skaten. Die ganze Palette der Sportmöglichkeiten bringt Ihnen *www.spinonline.be* näher.

ANGELN

Flamen angeln leidenschaftlich gern, ob an Kanälen, Flüssen oder Seen,

Bild: Strandsegler in De Panne

SPORT & AKTIVITÄTEN

allein oder in einem Club. Auf hohe See fahren täglich *Les bateaux Marcella (35–70 Euro | Tel. 059/32 00 72 | www.marcella.be)* in Oostende. Auskünfte über Clubs finden Sie unter *www.hengelsportbeurs.be*. Auf jeden Fall müssen Angler einen Angelschein *(visverlof)* haben. Er ist samt Vorschriften in jedem Postamt erhältlich, Preise von 3,72 Euro (für Jugendliche unter 14 Jahren mit einer Angel) bis 45,86 Euro.

BADEN

An der Küste sind 39 Badestrände bezeichnet: Ein rundes, blau-weißes Schild mit Wellen, Schwimmer und blauem „B" bedeutet, dass der Strand sicher und in der Saison überwacht ist. Ein rundes, rotes Schild mit rotem „B" und rotem Querbalken besagt, dass die Stelle gefährlich und nicht überwacht ist. Tückisch ist das Meer besonders um die Wellenbrecher und Hafeneinfahrten herum.

Schließlich gibt es noch die dreieckigen Wetterfähnchen: Bei Grün darf man schwimmen und Wassersport treiben. Bei Gelb ist Wassersport, bei Rot sind Schwimmen und Wassersport verboten. An den Badestränden wird auch die Wasserqualität kontrolliert. Ein Schild mit einem lachenden Smiley bedeutet gut, mit traurigem Gesicht schlecht; hat der Smiley einen Querstrich, ist das Wasser gerade akzeptabel (Infos: *www.vmm.be*).

Im Inland haben die Provinzen Sport- und Freizeitparks *(Provinciaal Domein)* in schönen Landschaften, mit Badesee oder Pool. Vom Baden in Kanälen oder Flüssen ist abzusehen. Die Strömung kann gefährlich, das Wasser stark verschmutzt sein.

BOOTSFAHRTEN

Zahllose Kanäle und Gewässer durchziehen das flache Flandern. Eine aparte Art, das Land kennenzulernen, ist eine Rundfahrt mit dem Boot. Wer nicht sein eigenes mitbringt, kann eines mieten, z. B. bei *Connoisseur (www.connoisseurafloat.com)* in Nieuwpoort oder bei *Waterdreams (www.waterdreams.be)* in Duisburg bei Leuven. Für ein Boot unter 15 m Länge ist kein Führerschein nötig. Eine detaillierte Karte der flämischen Wasserwege (8,50 Euro) und ein Buch (*Vaartboek,* 30 Euro) mit allen Informationen (wie Bedienung der Schleusen, Anlegeplätze) gibt es beim westflämischen Fremdenverkehrsbüro *Westtoer (www.westtoer.be)*.

RADFAHREN

Die *flandriens* haben Sportgeschichte geschrieben: Radfahren ist der flämische Volkssport schlechthin. Entsprechend gut ist das Wegenetz ausgebaut und ausgeschildert. In Limburg und in Westflandern gibt es ein Netz separater Fahrradwege. Unterwegs gibt es radfahrerfreundliche Gaststätten und Unterkünfte (die bei längeren Touren z. B. das Gepäck bis zum nächsten Halt bringen), in Limburg auch Servicestationen. Die detaillierten Karten kosten 7,50 Euro pro Provinz *(www.toerismelimburg.be | www.westtoer.be)*. Fahrräder können an jedem größeren Bahnhof gemietet werden, in touristischen Gegenden auch mit Sitzen oder Anhängern für Kinder. Die Miete beträgt ca. 8–10 Euro pro Tag. Manche Hotels und Vermieter stellen ihren Gästen kostenlos Räder zur Verfügung. Hervorragende Informationen und Links finden Sie bei *www.radflandern.com* und *www.vlaanderen-fietsland.be*.

REITEN

Vor allem in den Seebädern gibt es Reitschulen und Reitplätze *(manèges)* sowie ausgeschilderte Reitwege durch die Landschaft. Fragen Sie unbedingt nach, ob und wann an welchen Stellen der Strände geritten werden darf.

TENNIS

Tennis ist in. Die Wallonin Justine Henin und die Flämin Kim Clijsters waren Weltspitze. Die Flamen Xavier Malisse und Kristof Vliegen und die wallonischen Brüder Olivier und Christophe Rochus verteidigen derzeit Belgiens Trikolore auf den Courts. Auf den meisten Plätzen sind Gäste willkommen. Infos über Plätze, Preise und Kurse: *www.vtv.be*

SPORT & AKTIVITÄTEN

WANDERN

Über 3000 km ausgeschilderte Wanderwege führen durch Flanderns schönste Landschaften. In Limburg und in Westflandern gibt es hervorragend ausgeschilderte Wanderwege und entsprechende Karten für kürzere und längere Touren *(www.toerismelimburg.be | www.westtoer.be)*. Das flämische Netz schließt nahtlos an das GR-Netz in Wallonien, Frankreich und den Niederlanden an *(Grote Route* bzw. *Grande Randonnée | www.groteroutepaden.be)*.

WASSERSPORT

Segler und Surfer können an der Küste und im limburgischen Maasland ihrer sportlichen Leidenschaft nachgehen, ebenso wie Speedboat- und Wasserskifahrer, die sich allerdings an die deutlich abgegrenzten Gebiete und Zeiten und an die strengen Sicherheitsvorschriften halten müssen. An der Nordseeküste bieten zahlreiche Clubs Segel- und Surfkurse an. Anfänger lernen die Kniffe am besten bei *Inside-Outside (www.vvwinout.be)* in Oostende. Das Equipment kann gemietet werden. Fortgeschrittene sind bei der *Vlaamse Zeezeilschool (www.vvwnieuwpoort.be)* in Nieuwpoort an der richtigen Adresse. Trendsport ist derzeit Kitesurfen, bei dem vom Wasser in die Luft gesegelt wird – die Tricks lernt man in Oostduinkerke (einzige Schule: *www.kitesurfschool.be*). Ein besonderes Vergnügen bereitet das Strandsegeln auf den breiten Stränden von De Panne und Oostduinkerke. Dort gibt es ebenfalls Schulen, die auch die segelnden Seifenkisten vermieten *(www.strandzeilen.be)*.

Insider Tipp

Pause vor dem Rathaus in Veurne: Radfahren hat in Flandern Tradition

> SPASS FÜR KIDS ZU WASSER UND AN LAND

Interaktive Museen, Bauernhöfe und Zoobesuche lassen keine Langeweile aufkommen

> Flandern ist ausgesprochen kinderfreundlich. Vor allem in den Ferienorten an der Küste und in Limburg werden *de kleinen* verwöhnt.

Ein Kinderbett im Zimmer der Eltern, ein Kindermenü oder -teller gehören zum Standardservice. Und die vielen spannenden Attraktionen sorgen dafür, dass garantiert keine Langeweile entsteht. Aktuelle Tipps im Internet finden Sie unter www.agenda.be/kid.

> www.marcopolo.de/flandern

BRÜGGE UND WESTFLANDERN

BOUDEWIJN SEAPARK [119 D2]

Die spannendste Attraktion im Boudewijn Seapark in Brügge bietet das *Dolfinarium:* Delphine zeigen Kunststücke, die ihre Trainer ihnen beigebracht haben. *Juli/Aug. tgl. 11.45, 13.30, 16.30 Uhr, andere Monate variable Zeiten | Eintritt Dolfinarium Erwachsene und Kinder über 12 Jahre 22 Euro, Kinder über 1 m*

MIT KINDERN UNTERWEGS

bis 12 Jahre 18 Euro, bis 1 m frei | D. De Braeckestraat 12 | Brügge-Sint-Michiels | www.boudewijnseapark.be

MU.ZEE [118 B2]

Das Museum für moderne Kunst in Oostende ist für seine kreativen Kinderworkshops bekannt. Die Kinder dürfen im Museum Anregungen sammeln und sich dann an die Umsetzung ihrer Ideen machen. Bei kniffligen Fragen bekommen sie fachliche Hilfe. *In der Ferienzeit Di–Fr 10–12 und 13.30–15.30 Uhr, das ganze Jahr über Mi 14–16 Uhr | Eintritt 2,50 Euro | Mu.Zee Kunstmuseum aan zee | Romestraat 11 | Oostende | www.kunstmuseumaanzee.be*

SEA LIFE MARINE PARK [118 C1]

Hier sind Nordseekrabben live zu sehen! Außerdem schwimmen in 30 Aquarien Hunderte von Fischen, und im Freien planschen Seehunde und

Pinguine. *Juli/Aug. tgl. 10–19 Uhr, Sept.–Juni tgl. 10–18 Uhr | Eintritt Erwachsene und Kinder über 12 Jahre 16,50 Euro, Kinder 3–11 Jahre 13 Euro, unter 3 Jahren frei | Koning-Albert-I-laan 116 | Blankenberge | www.sealife.be*

GENT UND OSTFLANDERN

Insider Tipp

DAMPFLOKFAHRTEN

Auf zwei Strecken zuckeln alte Dampfloks durch die Landschaft: Die eine führt durchs Scheldeland von Dendermonde nach Puurs [120–121 C–D6]. Abfahrt ist am *Bahnhof Baasrode-Noord (Fabriekstraat)* mit Bahnhofswirtschaft und Spezialbuchhandlung. In den Schuppen stehen Waggons und Lokomotiven, bei deren Restaurierung man zugucken darf (Abfahrten und Preise: *www.stoomtrein.be*). Die zweite Linie mit einer großen Dampflok und altmodischen Waggons verbindet Maldegem mit Eeklo [119 E2] (nordwestlich von Gent). Im Eisenbahnmuseum in Maldegem (Bahnhof) sind seltene Dampfmaschinen zu sehen (Abfahrten und Preise: *www.stoomcentrum.be*).

FLÄMISCH-BRABANT

MUSÉE DES SCIENCES NATURELLES [123 E–F2]

Im Reich der Dinos: Die größte Attraktion des Museums für Naturwissenschaften in Brüssel sind bis zu 10 m lange und 125 Mio. Jahre alte Saurierskelette! Die wunderliche Welt wird kinderfreundlich erklärt. Regelmäßig Sonderausstellungen für Kinder. *Di–Fr 9.30–16.45, Sa/So 10 bis 18 Uhr | Eintritt 7 Euro | www.sciencesnaturelles.be | Rue Vautier 29 | Bus 20, 59, 80*

OCÉADE [123 E–F2]

Tropischer Wasserspaß in Brüssel: Océade ist ein Schwimmparadies mit aufregenden Rutschbahnen. Zahlreiche Spiele für Kinder unter Aufsicht. Unterdessen können die Eltern die Sauna oder den Hamam besuchen. *Mi–Fr 10–18, Sa/So 10–21 Uhr | Eintritt Kinder bis 1,15 m gratis, 1,15–1,30 m 13,50 Euro, über 1,30 m und Erwachsene 16,50 Euro | Boulevard du Centenaire/Bruparck | Metro Heizel | www.oceade.be*

ANTWERPEN

SPEELGOEDMUSEUM [121 E6]

Das riesige, interaktive Spielzeugmuseum in Mechelen bringt Kinderträume aus allen Epochen und aller Welt nahe. Nette Spielecke, in der Cafeteria darf gepicknickt werden. *Di–So 10–17 Uhr | Eintritt Erwachsene 7 Euro, Kinder unter 12 Jahren 5 Euro | Nekkerspoel 21 | www.speelgoedmuseum.be*

TECHNOPOLIS [121 E6]

Interaktives Zentrum für alle Aspekte von Naturwissenschaften und Technik, auch Umwelt, Gesundheit, Neue Medien. Die Experimente kann man online nachmachen. *Tgl. 9.30–17 Uhr | Eintritt Erwachsene 11,50 Euro, Kinder 3–11 Jahre 9 Euro, unter 3 Jahren frei | Technologielaan | Mechelen | www.technopolis.be*

ZOO ★ [121 D–E 4–5]

1843 wurde der Zoo von Antwerpen gegründet, mit der Kolonisierung des Kongo wurde er zu einem der größten Europas (950 Arten). Neben vielen Gebäuden aus der Belle Époque gibt es Attraktionen wie Planetarium,

Kinderspielplatz und Wintergarten. Von September bis März gibt es auch Führungen hinter die Kulissen. *Nov. bis Feb. tgl. 10–16.45 Uhr, März, April, Okt. tgl. 10–17.30 Uhr, Mai, Juni, Sept. tgl. 10–18 Uhr, Juli/Aug. tgl. 10–19 Uhr | Eintritt Erwachsene* riesengroßen Spielplatz. *April–Sept. tgl. 8–18 Uhr | Eintritt 6–26 Jahre 1 Euro, unter 6 Jahren frei, Erwachsene über 26 Jahre Juli/Aug. 10 Euro (sonst 7 Euro) | Het Domein Bokrijk | Park Midden-Limburg | Genk | www.bokrijk.be*

Großer Spaß für kleine Leute: Ferien auf dem Bauernhof

17,50 Euro, Kinder 3–11 Jahre 12,50 Euro, unter 3 Jahren frei | Koningin Astridplein 26 (neben dem Zentralbahnhof) | www.zooantwerpen.be

LIMBURG

FREILICHTMUSEUM BOKRIJK [125 D4]

Hier sind ganze Stadtteile und Dörfer aus allen flämischen Provinzen nachgebaut worden, das Leben von früher, sei es von Handwerkern oder Pastoren, wird lebensnah vorgeführt. Manche Kinder lieben besonders den

RAUS AUFS LAND [125 D6]

Ferien auf dem Bauernhof sind ein tolles Erlebnis für Stadtkinder. Oft dürfen sie mithelfen, etwa in der *Ruttermolen (2 Zi. | Ruttersmolenstraat 20 | Tongeren | Tel. 012/24 16 24 | www.ruttermolen.be | €)*, wo Getreide gemahlen und anschließend Brot gebacken wird. Eine andere Attraktion sind Fahrräder mit Anhängern für die Kleinen und Radwege durch Felder und Wälder. *www.hoevetoerisme.be | www.toerismeliburg.be*

> VON ANREISE BIS ZOLL

Urlaub von Anfang bis Ende: die wichtigsten Adressen und Informationen für Ihre Flandernreise

ANREISE

AUTO

Anfahrt: E34 (Duisburg–Antwerpen), E314 (Aachen–Leuven), E40 (Aachen–Oostende), E411/E19 (Luxemburg–Brüssel–Antwerpen). Die Benutzung der Autobahnen ist gebührenfrei, nur der *Liefkenshoektunnel* des Antwerpener Rings West kostet 5,50 Euro Maut.

BAHN

Der Hochgeschwindigkeitszug Thalys verbindet sechsmal täglich Köln und Brüssel, der ICE fährt viermal täglich die Strecke Frankfurt–Köln–Brüssel. Wer nach Limburg möchte, steigt in Liège um. Für andere flämische Provinzen Umstieg in Bruxelles-Midi auf belgische IC- und IR-Züge. Aus der Schweiz verkehren täglich der Eurocity Vauban (Mailand–Basel–Brüssel) und der Eurocity Iris (Chur–Zürich–Basel–Brüssel). *Auskunft:* www.sncb.be

FLUGZEUG

Linienflüge aus Deutschland, Österreich und der Schweiz landen auf dem Flughafen Bruxelles-National (15 km nordöstlich der Stadt). Von 5.30 bis 0.20 Uhr fährt alle 15–20 Minuten der Zug Brussels Airport Express in die Stadt (2. Klasse 5,10 Euro, bei Erwerb der Fahrkarte im Zug 3 Euro Aufpreis, Fahrtdauer 20

PRAKTISCHE HINWEISE

Minuten). Wer nach Flandern weiterreist, steigt am besten im Bahnhof Bruxelles-Nord um.

AUSKUNFT

BELGISCHES VERKEHRSAMT

Cäcilienstr. 46 | 50667 Köln | Tel. 0221/270 97 70 | Fax 270 97 77 | www.flandern.com

TOURISMUS FLANDERN-BRÜSSEL

Mariahilferstr. 121 b | 1060 Wien | Tel. 01/596 06 60 | Fax 596 06 95 | www.flandern.co.at

FREMDENVERKEHRSÄMTER IN FLANDERN

www.westtoer.be (Brügge und Westflandern); *www.toerismeoostvlaanderen.be* (Gent und Ostflandern); *www.vlaamsbrabant.be/toerisme* (Flämisch-Brabant); *www.visitbrussels.be* (für Brüssel); *www.tpa.be* (Antwerpen); *www.toerismelimburg.be* (Limburg)

AUTO

Höchstgeschwindigkeit auf belgischen Autobahnen 120 km/h, auf Nationalstraßen 90, auf flämischen Nebenstraßen 70, in Ortschaften 50, bei Schulen 30 km/h. Gurtpflicht besteht auch auf den Rücksitzen. Promillegrenze: 0,5.

Pannenhilfe: *Touring Wegenhulp | Tel. 070/34 47 77* oder *Vlaamse Automobilistenbond VAB | Tel. 070/34 46 66*

BANKEN & GELD

Öffnungszeiten Mo–Fr 9–16 Uhr, in Kleinstädten gibt es oft eine Mittagspause. EC-Automaten sind weit verbreitet. Kreditkarten werden fast überall akzeptiert, Diners ist weniger gängig.

WAS KOSTET WIE VIEL?

KAFFEE	**2,50 EURO**	für eine Tasse Filterkaffee
POMMES FRITES	**2 EURO**	für eine kleine Portion
BIER	**4,50 EURO**	für ein Glas Starkbier (0,3 l)
MITBRINGSEL	**19–99 EURO**	für 1 kg Pralinen je nach Hersteller
BENZIN	**CA. 1,50 EURO**	für einen Liter Super
TAXI	**CA. 9 EURO**	für eine Kurzfahrt (ca. 3 km)

DIPLOMATISCHE VERTRETUNGEN

DEUTSCHE BOTSCHAFT

Rue Jacques de Lalaing 8–14 | Brüssel | Tel. 02/787 18 00 | www.bruessel.diplo.de

ÖSTERREICHISCHE BOTSCHAFT
Place du Champ-de-Mars 5 | Brüssel | Tel. 02/289 07 00 | www.aussenministerium.at/bruessel

SCHWEIZER BOTSCHAFT
Rue de la Loi 26 | Brüssel | Tel. 02/285 43 50 | www.eda.admin.ch/bruxelles

GESUNDHEIT

In Belgien wird die europäische Krankenversicherungskarte EHIC akzeptiert. In dringenden Fällen helfen die Unfallstationen *(spoedgevallen)* der Krankenhäuser (weiße Straßenschilder mit rotem Kreuz und dem Namen des Krankenhauses). Apotheken sind an einem grünen Neonkreuz zu erkennen und haben im Allgemeinen von 9 bis 18 Uhr geöffnet. Nacht- und Wochenenddienst *(wacht)* werden in einem Kasten am Eingang ausgehängt.

INTERNET

Allgemeine Informationen finden Sie unter *www.belgium.be,* Infos über die Küste auf *www.dekust.org,* zu Brüssel und Wallonien auf *www.belgien-tourismus.de.* Informationen der flämischen Regionalregierung: *www.flanders.be,* für Fans des Königshauses: *www.monarchie.be. www.resto.be* hält Restauranttipps bereit, *www.cityplug.be* Infos zu Bars, Cafés und Clubs, *www.bierebel.com* zu belgischem Bier. *www.bedandbreakfastflanders.be* hat alle B&Bs, *www.hotels.be* preiswerte Hotelzimmer. Alles über flämische Chansons, Pop- und Rockmusik: *www.kkunst.com,* Kulturveranstaltungen: *www.kulturflandern.com,* angesagte Feste und Partys: *www.netevents.be,* Sportveranstaltungen: *www.sport.be.* Unter *www.touring.be* gibt's aktuelle Verkehrsinfos, auf *www.wegeninfo.be* Informationen der Straßenpolizei.

WETTER IN OOSTENDE

	Jan.	Feb.	März	April	Mai	Juni	Juli	Aug.	Sept.	Okt.	Nov.	Dez.
Tagestemperaturen in °C	5	6	9	12	15	18	20	21	19	15	10	7
Nachttemperaturen in °C	1	1	3	5	8	11	14	14	12	8	5	2
Sonnenschein Std./Tag	2	3	5	7	7	8	7	7	6	4	2	1
Niederschlag Tage/Monat	14	13	10	10	9	9	12	13	10	14	14	15
Wassertemperaturen in °C	7	6	7	8	10	13	15	16	16	14	11	9

PRAKTISCHE HINWEISE

INTERNETCAFÉS & WLAN

In der Nähe vieler Bahnhöfe gibt es Telefon- und Internetshops. WLAN-Hotspots (in Belgien: WiFi) gibt es in den größeren Bahnhöfen und in fast allen Hotels, in den Snackbars der Ketten *Exki* und *Foodmaker* sowie am Strandabschnitt zwischen Blankenberge und Knokke. WLAN ist kostenlos in der 1. Klasse der Thalys-Züge, in der 2. Klasse gegen Aufpreis von 13 Euro.

JUGENDHERBERGEN & CAMPING

In Flandern gibt es 18 Jugendherbergen. Im Juli und August muss überall, in den anderen Monaten in Antwerpen, Brügge und Gent rechtzeitig reserviert werden. *VJH | Van Stralenstraat 40 | B-2060 Antwerpen | Tel. 03/232 72 18 | www.vjh.be*

Alle Auskünfte über Campingplätze gibt's unter *www.campings.be.*

NOTRUF

Krankenwagen, Feuerwehr Tel. 100
Polizei Tel. 101

ÖFFENTLICHE VERKEHRSMITTEL

In Flandern gibt es ein einziges Unternehmen, *De Lijn.* Straßenbahnen gibt es in Antwerpen und Gent, alle Badeorte der Küste verbindet die Straßenbahn *Kusttram (www.dekusttram.be).* Zwischen den Orten verkehren die weiß-gelben Busse. Der Fahrpreis wird nach Zonen berechnet (Einzelfahrschein ab 1,20 Euro im Vorverkauf, 2 Euro für Bus/Tram). Es gibt eine Tageskarte *(dagpas)* zu 5 Euro, für drei Tage 10 Euro, fünf Tage 15 Euro. *www.delijn.be*

POST

Öffnungszeiten Mo–Fr 9–17 Uhr. Ein Brief oder eine Postkarte in europäische Länder kostet 90 Cent, in Länder außerhalb der EU 1,05 Euro.

TELEFON & HANDY

In allen Städten gibt es Phoneshops. Beim Roaming spart, wer das günstigste Netz wählt. Mit einer belgischen Prepaid-Karte (von Base, Mobistar oder Proximus) entfallen die Gebühren für eingehende Anrufe. Prepaid-Karten wie die von Travelsim *(www.travelsimshop.com)* sind zwar teurer, ersparen aber ebenfalls alle Roaming-Gebühren. Und: Sie bekommen schon zu Hause Ihre neue Nummer. Immer günstig sind SMS. Hohe Kosten verursacht die Mailbox: noch im Heimatland abschalten! Vorwahlen: Belgien 0032, Deutschland 0049, Österreich 0043, Schweiz 0041. Bei Anrufen aus dem Ausland entfällt die Null der Ortsvorwahl.

WETTER

Flandern grenzt an den Ärmelkanal. Der Golfstrom bringt maritime Milde. Im Winter schneit es selten, im Sommer wird es selten heiß, in allen Jahreszeiten regnet es – Regenschirm und Regenmantel sind empfehlenswert. Wetterdienst: *www.meteo.be*

ZOLL

Innerhalb der EU dürfen Waren frei mitgeführt werden. Nur für Genussmittel gibt es Obergrenzen: 800 Zigaretten, 90 l Wein, 10 l Spirituosen. Schweizer Bürger unterliegen bei der Rückkehr viel strengeren Vorschriften, u. a. 200 Zigaretten, 2 l Wein, 1 l Spirituosen.

> SPREEK JIJ NEDERLANDS?

„Sprichst du Niederländisch?" Dieser Sprachführer hilft Ihnen, die wichtigsten Wörter und Sätze auf Niederländisch zu sagen

Aussprache

Zur Erleichterung der Aussprache sind alle niederländischen Wörter mit einer einfachen Aussprache (in eckigen Klammern) versehen.

AUF EINEN BLICK

Ja./Nein.	Ja. [jaa]/Nee. [nee]
Vielleicht.	Misschien. [mischien]
Bitte.	*(Sie)* Alstublieft. [alstüblieft] *(du)* Alsjeblieft. [alsjeblieft]
Vielen Dank!	Dank u wel. [dank ü wel]
Gern geschehen.	Graag gedaan. [chraach chedaan]
Entschuldigung!	Neemt u mij niet kwalijk. [neemt ü mei niet kwalück]
Wie bitte?	Wat zegt u? [wat zecht ü]
Ich verstehe Sie/dich nicht.	Ik begrijp u/je niet. [ik begreip ü/je niet]
Ich spreche nur wenig …	Ik spreek alleen maar 'n beetje … [ik spreek alleen maar n beetje …]
Können Sie mir bitte helfen?	Kunt u mij alstublieft helpen? [künt ü mei alstüblieft helpen]
Ich möchte …	Ik wil …/Ik zou graag … [ik wil …/ik sau chraach …]
Wie viel kostet es?	Hoe duur is het?/Hoeveel kost het? [hu dühr is hett/hufeel kost hett]
Wie viel Uhr ist es?	Hoe laat is het? [hu laat is hett]
Wo sind bitte die Toiletten?	Waar is het toilet? [waar is hett twalett?]

KENNENLERNEN

Guten Morgen!	Goedemorgen! [chujemorchen]
Guten Tag!	Dag!/Goedendag! [dach/chujedach]
Hallo! Grüß dich!	Hallo!/Dag! [halloo/dach]
Mein Name ist …	Mijn naam is … [mein naam is]
Wie ist Ihr Name, bitte?	Wat is uw naam? [wat is üw naam]
Wie heißt du?	Hoe heet je? [hu heet je]
Wie geht es Ihnen/dir?	Hoe gaat het met u/jou? [hu chaht hett mett ü/jau]
Danke, gut. Und Ihnen/dir?	Prima. En met u/jou? [primaa en mett ü/jau]
Auf Wiedersehen!	Tot ziens! [tot siens]

SPRACHFÜHRER NIEDERLÄNDISCH

UNTERWEGS

AUSKUNFT

links/rechts	links/rechts [links/rechs]
geradeaus	rechtdoor [rechdoor]
nah/weit	dichtbij/ver [dichbei/ver]
Bitte, wo ist …	Waar is … [waar is]
… der Hauptbahnhof?	… het centraal station? [het sentraalstaaschon]
… der Flughafen?	… de luchthaven?/het vliegveld? [de lüchthaafen/hett vliechvelt]
Wie weit ist das?	Hoe ver is dat? [Hu ver is dat]
Ich möchte … mieten.	Ik ben van plan … te huren. [Ik benn vann plann … te hüren]
… ein Auto …	… een auto … ['n auto]
… ein Fahrrad …	… een fiets … ['n fiets]

PANNE

Ich habe eine Panne.	Ik heb pech. [ik heb pech]
Wurden Sie mir bitte einen Abschleppwagen schicken?	Wilt u mij alstublieft de sleepdienst/takeldienst sturen? [wilt ü mei alstüblieft de sleepdienst/taakldienst stüren]
Wo ist hier in der Nähe eine Werkstatt?	Waar is hier in de buurt een garage? [waar is hier in de bürt en graasche]

TANKSTELLE

Wo ist bitte die nächste Tankstelle?	Waar is het dichtsbijzijnde pompstation? [waar is hett dichsbeiseinde pompstaaschon]
Ich möchte … Liter …	Ik wil graag … liter … [ik wil chraach … lietr]
… Normalbenzin.	… gewone benzine. [chewohne bensiene]
… Super./Diesel.	… super./diesel. [süper/diesl]

UNFALL

Hilfe!	Help! [helüpp]
Achtung!	Let op!/Pas op! [lett op/pas op]
Rufen Sie bitte schnell …	Belt u direct … [belt ü dierekt]
… einen Krankenwagen.	… een ziekenwagen. [n siekewaachn]
… die Polizei.	… de politie. [de poolietsie]
… die Feuerwehr.	… de brandweer. [de branntwehr]

Es war meine/Ihre Schuld.	Het was mijn/uw schuld. [hett was mein/üw schült]
Geben Sie mir bitte Ihren Namen und Ihre Anschrift.	Geeft U mij alstublieft uw naam en uw adres. [cheeft ü mei alstüblieft üw naam en üw adress]

ESSEN/UNTERHALTUNG

Wo gibt es hier …	Waar is hier … [waar is hier …]
… ein gutes …	… een goed … [en chut]
… ein nicht zu teures …	… een niet te duur … [en niet te dühr]
… Restaurant?	… restaurant? [restoorant]
Reservieren Sie uns bitte für heute Abend einen Tisch für vier Personen.	Wilt u (voor ons) voor vanavond een tafel voor vier personen reserveren? [wilt ü (fohr ons) fohr fanaafont en taafl fohr fier persoonen reeserfeern]
Die Speisekarte, bitte!	De kaart, graag! [de kaart chraach]
Ich nehme …	Ik neem … [ik neem]
Bitte ein Glas …	Een glas …, alstublieft. [en chlas ... alstüblift]
Auf Ihr Wohl!	Proost!/Op uw gezondheid! [proost/op ü chesontheit]
Die Rechnung, bitte.	De rekening, alstublieft. [de reekening, alstüblieft]
Es stimmt so.	Zo is het in orde. [soo iset in orrde]

EINKAUFEN

Wo finde ich …	Waar vind ik ... [waar fint ik]
… eine Apotheke?	… een apotheek? [en aapooteek]
… eine Bäckerei?	… een bakkerij? [en bakkerei]
… Fotoartikel?	… fotoartikelen? [footoo-artieklen]
… ein Kaufhaus?	… een warenhuis? [en wahrenheus]
… ein Lebensmittelgeschäft?	… een kruidenier? [en kreudenier]
… einen Markt?	… een markt? [en marückt]
Haben Sie …?	Heeft u …? [heeft ü]

ÜBERNACHTUNG

Können Sie mir bitte … empfehlen?	Kunt u mij … aanbevelen? [künt ü mei … aanbefeelen]
… ein gutes Hotel …	… een goed hotel… [en chut hootel]
… eine Pension …	… een pension … [en penschon]
Haben Sie noch Zimmer frei?	Heeft u nog kamers vrij? [heeft ü noch kaamrs frei]
ein Einzelzimmer	een eenpersoonskamer [en eenpersoonskaamr]

ein Doppelzimmer	een tweepersoonskamer [en tweepersoonskaamr]
mit Dusche/Bad	met douche/bad [met dusch/batt]
für eine Nacht	voor een nacht [voor een nacht]
für eine Woche	voor een week [voor een week]
Was kostet das Zimmer mit …	Hoeveel kost logies met … [huveel kost looschies met]
… Frühstück?	… ontbijt? [onntbeit]
… Halbpension?	… halfpension? [halfpenschoon]

PRAKTISCHE INFORMATIONEN

ARZT

Können Sie mir einen guten Arzt empfehlen?	Kunt u mij een goede dokter/arts aanbevelen? [künnt ü mei en chuje doktr/arrts aanbeveelen]
Ich habe hier Schmerzen.	Ik heb hier pijn. [ik hep hier pein]
Ich habe Fieber.	Ik heb koorts. [ik hep koorts]

POST

Was kostet …	Hoeveel kost [huveel kost] …
… ein Brief …	… een brief … [en brief]
… eine Postkarte …	… een briefkaart … [en briefkaart]
… nach Deutschland?	… naar Duitsland? [naar döitslant]
Eine Briefmarke, bitte.	Een postzegel, alstublieft. [en posseechel alstüblieft]

ZAHLEN

0	nul [nül]
1	één [een]
2	twee [tweh]
3	drie [drie]
4	vier [vier]
5	vijf [feif]
6	zes [ses]
7	zeven [seefen]
8	acht [acht]
9	negen [neechen]
10	tien [tien]
11	elf [ellüff]
12	twaalf [twaalüff]
13	dertien [dertien]
14	veertien [veertien]
15	vijftien [feiftien]
16	zestien [sestien]
17	zeventien [seefentien]
18	achttien [achtien]
19	negentien [neechentien]
20	twintig [twintich]
21	één-en-twintig [een en twintich]
30	dertig [dertich]
40	veertig [veertich]
50	vijftig [feiftich]
60	zestig [sestich]
70	zeventig [seefentich]
80	tachtig [tachtich]
90	negentig [neechentich]
100	honderd [hondert]
200	tweehonderd [twehhondert]
1000	duizend [deusent]
10000	tienduizend [tiendeusent]
1/2	een half [ünn half]
1/4	een vierde, een kwart [ünn vierde, ünn kwart]

> TU PARLES FRANÇAIS?

„Sprichst du Französisch?" Dieser Sprachführer hilft Ihnen, die wichtigsten Wörter und Sätze auf Französisch zu sagen

Aussprache

Zur Erleichterung der Aussprache sind alle französischen Wörter mit einer einfachen Aussprache (in eckigen Klammern) versehen.

AUF EINEN BLICK

Ja./Nein.	Oui. [ui]/Non. [nong]
Vielleicht.	Peut-être. [pöhtätr]
Bitte.	S'il vous plaît. [sil wu plä]
Danke.	Merci. [märsi]
Gern geschehen.	De rien. [dö rjäng]
Entschuldigen Sie!	Excusez-moi! [äksküseh mua]
Wie bitte?	Comment? [kommang]
Ich verstehe Sie/dich nicht.	Je ne comprends pas. [schön kongprang pa]
Ich spreche nur wenig Französisch.	Je parle un tout petit peu français. [schparl äng tu pti pöh frangsä]
Können Sie mir bitte helfen?	Vous pouvez m'aider, s.v.p.? [wu puweh mehdeh sil wu plä]
Sprechen Sie Deutsch/ Englisch?	Vous parlez allemand/anglais? [wu parleh almang/anglä]
Ich möchte …	J'aimerais … [schämrä]
Das gefällt mir nicht.	Ça ne me plaît pas. [san mö plä pa]
Haben Sie …?	Vous avez …? [wus‿aweh]
Wie viel kostet es?	Combien ça coûte? [kongbjäng sa kut]
Wie viel Uhr ist es?	Quelle heure est-il? [käl‿ör ät‿il]

KENNENLERNEN

Guten Morgen/Tag!	Bonjour! [bongschur]
Guten Abend!	Bonsoir! [bongsuar]
Hallo!/Grüß dich!	Salut! [salü]
Wie ist Ihr Name, bitte?	Comment vous appelez-vous? [kommang wus‿apleh wu]
Wie heißt du?	Comment tu t'appelles? [kommang tü tapäl]
Wie geht es Ihnen/dir?	Comment allez-vous/vas-tu? [kommangt‿aleh wu/wa tü]
Danke. Und Ihnen/dir?	Bien, merci. Et vous-même/toi? [bjäng märsi. eh wu mäm/tua]
Auf Wiedersehen!	Au revoir! [oh röwuar]
Tschüss!	Salut! [salü]

SPRACHFÜHRER FRANZÖSISCH

UNTERWEGS

links/rechts	à gauche [a gohsch]/à droite [a druat]
geradeaus	tout droit [tu drua]
nah/weit	près [prä]/loin [luäng]
Bitte, wo ist …?	Pardon, où se trouve …, s.v.p.? [pardong, us truw … sil wu plä]
Wie weit ist das?	C'est à combien de kilomètres d'ici? [sät‿a kongbjängd kilomätrö disi]

ESSEN/UNTERHALTUNG

Wo gibt es hier …	Vous pourriez m'indiquer… [wu purjeh mängdikeh]
… ein gutes Restaurant?	… un bon restaurant? [äng bong rästorang]
… ein nicht zu teures Restaurant?	… un restaurant pas trop cher? [äng rästorang pa troh schär]
Reservieren Sie uns bitte für heute Abend einen Tisch für vier Personen.	Je voudrais réserver une table pour ce soir, pour quatre personnes. [schwudra rasehrweh un tablö pur sö suar pur kat pärsonn]
Wo sind bitte die Toiletten?	Où sont les W.-C., s.v.p.? [u song leh wehseh sil wu plä]
Auf Ihr Wohl!	A votre santé!/A la vôtre! [a wottr sangteh/a la wohtr]
Bezahlen, bitte.	L'addition, s.v.p. [ladisjong sil wu plä]

ZAHLEN

0	zéro [sehroh]	20	vingt [wäng]
1	un, une [äng, ühn]	21	vingt et un, une [wängt‿eh äng, ühn]
2	deux [döh]	22	vingt-deux [wängt döh]
3	trois [trua]	30	trente [trangt]
4	quatre [katr]	40	quarante [karangt]
5	cinq [sängk]	50	cinquante [sängkangt]
6	six [sis]	60	soixante [suasangt]
7	sept [sät]	70	soixante-dix [suasangt dis]
8	huit [üit]	80	quatre-vingt [katrö wäng]
9	neuf [nöf]	90	quatre-vingt-dix [katrö wäng dis]
10	dix [dis]		
11	onze [ongs]		
12	douze [dus]	100	cent [sang]

Zeebrugge, Yachthafen

> UNTERWEGS IN FLANDERN

Die Seiteneinteilung für den Reiseatlas finden Sie auf dem hinteren Umschlag dieses Reiseführers

REISE ATLAS

A
B
C
1
2
3
4
5
6
10 km
NOORDZEE
Dover
Rosyth
Zeebr
Blankenberge
34
De Haan
E404
Bredene
BRUG
25(BRUGE
Oostende
A10
Jabbeke
Middelkerke
Westende
Gistel
Zedelge
Eernegem
Oostduinkerke-Bad
Nieuwpoort
45
Koksijde-Bad
De Panne
Colme
IJzer
Leke
33
Bray-Dunes
A18
51
Adinkerke
Pervijze
Torhout
(Thourout)
Ghyvelde
E40
Veurne
(Furnes)
Vladslo
Zarren-
Werken
Lichtervelde
947
Diksmuide
Kortemark
Beauvoorde
Can. d.l. Basse
Lo
Woumen
Staden
Hondschoote
Kemmelbeek
Steenbeek
Roeselare
(Roulers)
916
947
Mandel
Oostvleteren
-Poelkapelle
E42
Oost-Cappel
Haringe
Langemark-
Wormhout
Moorslede
Ieper-
Noord
Passendale
Wormhout
Watou
Poperinge
Zonnebeke
A25
38
A19
55L
Moorsele
916
St-Laurent
Ieper
(Ypres)
St-Eloi
Steenvoorde
Cassel
Steenvoorde
Reningelst
Heuvelland
Wervik
176
Mt Cassel
Kemmel
Monts de Flandre
158
159
Halluin
Méteren
Nieuwkerke
Comines
Bailleul
Tourcoing
Hazebrouck
933
A25
29
A22
916
Deûle
E17
Nieppe
Armentières
FRANCE
945
Leie
Armentières
LILLE
E42
Isbergues
Merville
Estaires
Hau-

Vlissingen
Ovezande
Baarland
Breskens
Ellewoutsdijk
Westerschelde
Knokke-Heist
Cadzand
NEDERLAND
Hoofdplaat
Schoondijke
Terneuzen
Sluis
Oostburg
IJzendijke
Hoek
Leopoldkanaal
Aardenburg
Watervliet
Sluiskil
Damme
Meetjesland
Sas van Gent
Maldegem
Kaprijke
Assenede
Eeklo
Ertvelde
Zelzate
Oedelem
Oostkamp
Wachtebeke
Kanaal Brugge-Gent
Knesselare
Evergem
Oostakker
Vlaanderen
Aalter
GENT (GAND)
Wingene
Nevele
's-Gravenstein
Laarne
Zwevezele
Kasteel van Ooidonk
St.Martens-Latem
Aarsele
Tielt
Ardooie
Deinze
Dentergem
Eke
Wetteren
Oosterzele
Mandel
Leie
Schelde
Meulebeke
Ingelmunster
Kruishoutem
Dombergen
Waregem
Zottegem
Sint-Eloois-Winkel
KORTRIJK (COURTRAI)
Oudenaarde (Audenarde)
Brakel
Geraardsbergen (Grammont)
Mouscron (Moeskroen)
Avelgem
Vlaamse-Ardennen
Ronse (Renaix)
Mt. Hotondberg
Flobecq
Lessines
Dottignies
Rone
Dendre
Celles
Wallonie
Warcoing
Escaut
Frasnes-lez-Buissenal
Roubaix
Tournai (Doornik)
Quartes
Ghislenghien
Ath

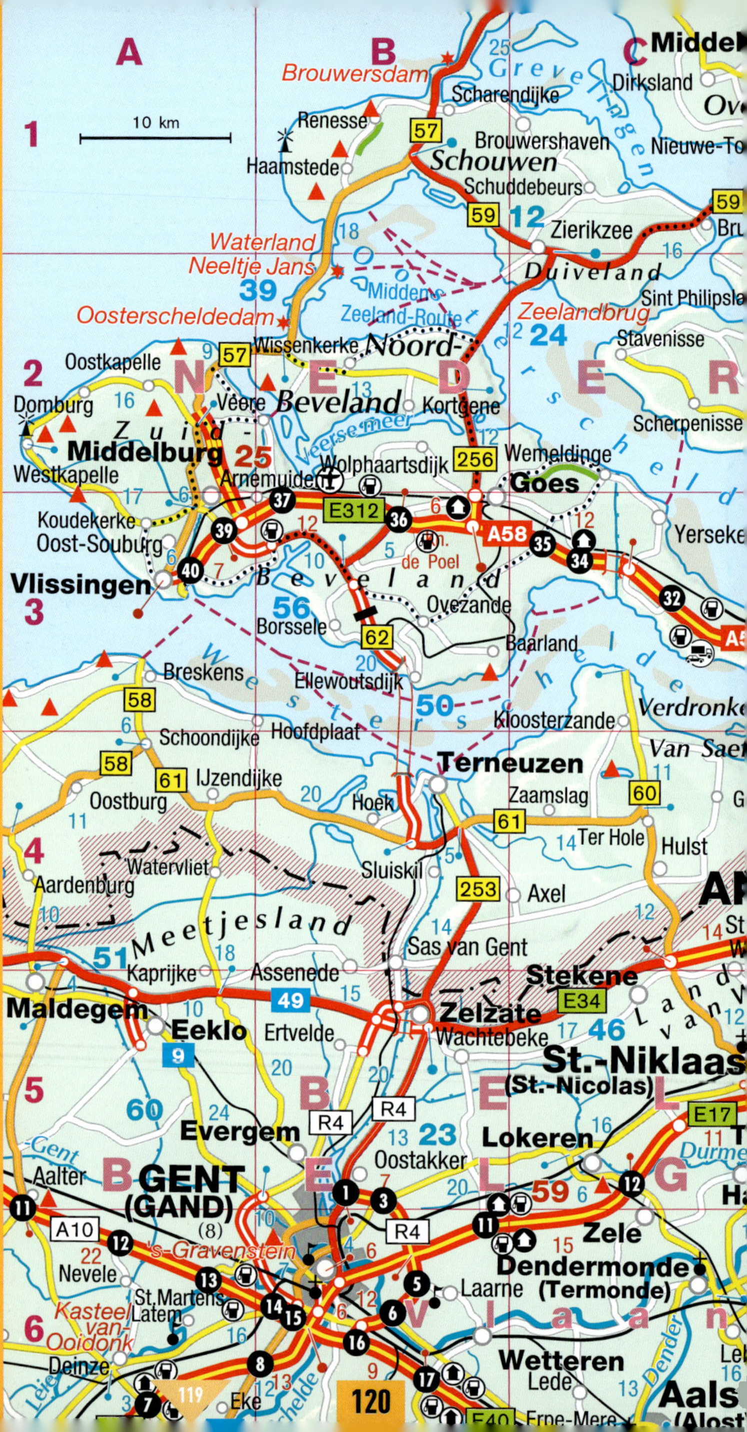
A
B
C
1
2
3
4
5
6
10 km
Brouwersdam
Renesse
Haamstede
Scharendijke
Grevelingen
Dirksland
Middel
Brouwershaven
Schouwen
Nieuwe-To
Schuddebeurs
Zierikzee
Duiveland
Waterland
Neeltje Jans
Oosterscheldedam
Oosterschelde
Middelburg
Zeeland-Route
Zeelandbrug
Sint Philipsla
Stavenisse
Wissenkerke
Noord-Beveland
Oostkapelle
Domburg
Veere
Kortgene
Veerse meer
Scherpenisse
Westkapelle
Zuid-Beveland
Arnemuiden
Wolphaartsdijk
Wemeldinge
Goes
Koudekerke
Oost-Souburg
Vlissingen
Yerseke
de Poel
Ovezande
Borssele
Baarland
Breskens
Ellewoutsdijk
Westerschelde
Verdronk
Schoondijke
Hoofdplaat
Kloosterzande
Van Saet
Terneuzen
IJzendijke
Oostburg
Hoek
Zaamslag
Ter Hole
Hulst
Watervliet
Aardenburg
Sluiskil
Axel
Meetjesland
Sas van Gent
Kaprijke
Assenede
Stekene
Maldegem
Eeklo
Ertvelde
Zelzate
Wachtebeke
St.-Niklaas
(St.-Nicolas)
Lokeren
Durme
Evergem
Oostakker
Gent
Aalter
BGENT
(GAND)
(8)
's-Gravenstein
Zele
Nevele
St.Martens-Latem
Dendermonde
(Termonde)
Laarne
Kasteel van Ooidonk
Deinze
Wetteren
Lede
Aals
(Alost)
Eke
Erpe-Mere
Leie
Schelde
Dender
NEDERLAND
BELGIË
Vlaanderen
Land van Waas
E312
A58
E34
E17
E40
A10
R4
119
57
59
256
62
58
61
60
253
49
9
12
24
25
39
50
56
51
46
23
60
59

's-Gravendeel
Klaaswaal
Zuid-Beijerland
Haringvliet
Numansdorp
Strijen
Nieuwe Merwede
Biesbos
Oude-Tonge
Kn. Hellegatsplein
Hollands Diep
Kn. Klaverpolder
Hooge Zwaluwe
Geertruidenberg
Made
Philipsdam
Ooltgensplaat
Willemstad
Klundert
Krammer
Dinteloord
Fijnaart
Zevenbergen
Oosterhout
Prinsenbeek
Steenbergen
Oud Gastel
Etten-Leur
Nieuw-Vossemeer
Oudenbosch
Schelde-Rijnkanaal
BREDA
Roosendaal
Halsteren
Wouw
Rucphen
Ulvenhout
Tholen
Rijsbergen
Kn. Galder
Chaam
Kn. De Stok
Bergen op Zoom
Nispen
Zundert
Kn. Zoomland
Essen
Meerle
Achtmaal
Hoogerheide
Kn. Markiezaat
Ossendrecht
Hoogstraten
Wuustwezel
Béguinages
Putte
Kalmthout
Brecht
Rijkevorsel
Merksplas
Beerse
Kapellen
Brasschaat
Westmalle
Oostmalle
(Anvers)
ANTWERPEN
St.-Antonius
Zoersel
Schoten
Zwijndrecht
Schilde
Lille
Grobbendonk
Vorselaar
Beveren
Herentals
Ranst
Kruibeke
Nijlen
Herentals
Hemiksem
Mortsel
Lier (Lierre)
Olen
Schelde
Kontich
Berlaar
Nete
Niel
Boom
Duffel
Heist-op-den-Berg
Willebroek
St.-Katelijne-Waver
Putte
St.-Amands
Puurs
Buggenhout
Mechelen (Malines)
Londerzeel
Keerbergen
Tremelo
Dijle
Steenhuffel
Aarschot
Wespelaar
A29
A59
A17
A16
A4
A12
A1
A21
A14
A13
E19
E312
E34
259
123

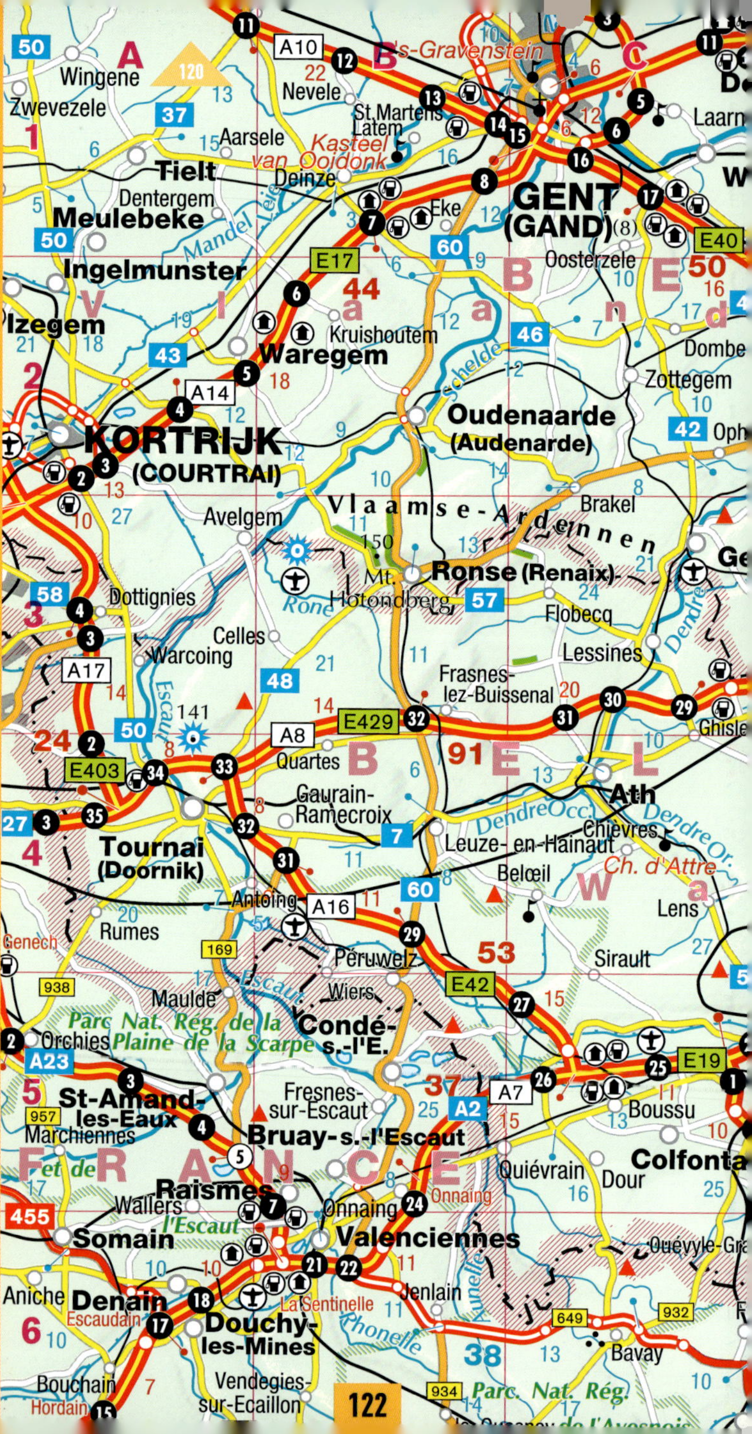
Wingene
Zwevezele
Tielt
Aarsele
Nevele
's-Gravenstein
St.Martens Latem
Kasteel van Ooidonk
Deinze
Dentergem
Meulebeke
Ingelmunster
Mandel
Leie
Eke
GENT (GAND)
Laarn
Oosterzele
Izegem
Kruishoutem
Waregem
Zottegem
Dombe
Schelde
KORTRIJK (COURTRAI)
Oudenaarde (Audenarde)
Oph
Avelgem
Vlaamse-Ardennen
Brakel
Mt. Hotondberg
Ronse (Renaix)
Rone
Dottignies
Flobecq
Celles
Warcoing
Lessines
Dendre
Escaut
Frasnes-lez-Buissenal
Quartes
Gaurain-Ramecroix
Ghisle
Ath
Tournai (Doornik)
Leuze-en-Hainaut
Dendre Occ.
Dendre Or.
Chièvres
Ch. d'Attre
Antoing
Belœil
Lens
Rumes
Genech
Péruwelz
Sirault
Maulde
Wiers
Parc Nat. Rég. de la Plaine de la Scarpe
Orchies
Condé-s.-l'E.
Fresnes-sur-Escaut
Boussu
St-Amand-les-Eaux
Marchiennes
Bruay-s.-l'Escaut
Quiévrain
Dour
Colfonta
FRANCE
BELGIE
Raismes
Wallers
l'Escaut
Onnaing
Somain
Valenciennes
Quévyle-Gra
Aniche
Denain
Escaudain
La Sentinelle
Jenlain
Rhonelle
Aunelle
Douchy-les-Mines
Bavay
Bouchain
Hordain
Vendegies-sur-Ecaillon
Parc Nat. Rég. de l'Avesnois
A10
E17
A14
E40
A17
E403
A8
E429
A16
E42
A23
A7
A2
E19

Zele
Dendermonde
(Termonde)
Puurs
St.-Amands
Buggenhout
Willebroek
St.-Katelijne-Waver
Putte
Mechelen
(Malines)
Keerbergen
Dijle
Wespelaar
Elewijt
Lebbeke
Londerzeel
Steenhuffel
Dender
Aalst
(Alost)
Merchtem
Asse
Grimbergen
Wemmel
Vilvoorde
Kortenberg
Zaventem
Bertem
A10
Liedekerke
Anderlecht
Tervuren
BRUXELLES
BRUSSEL
Huldenbg.
Hoeilaart
Overijse
Wavre
(Waver)
Leerbeek
112
Geraardsbergen
(Grammont)
Halle
Waterloo
La Hulpe
E411
Bierges
Enghien
(Edingen)
A7
Braine-l'Alleud
Rixensart
Butte du Lion
Lasne
Court-St.-Étienne
Walibi Park
Mark
Tubize
A8
Braine-le-Château
Senne
E19
Senette
Louvain-la-Neuve
Braine-le-Comte
Genappe
Dyle
Soignies
(Zinnik)
Écaussinnes
Nivelles
(Nijvel)
Villers-la-Ville
A54
Les Bons Villers
Sombreffe
Le Rœulx
Seneffe
E420
Canal du Centre
Pont-à-Celles
Fleurus
A15
E42
La Louvière
Tamines
Mons
(Bergen)
CHARLEROI
Farciennes
Binche
R3
Spiennes
Anderlues
Châtelet
Givry
Montigny-le-Tilleul
212
Herbes
le-Château
Aulne
Trouille
Thuin
Ham-sur-Heure-Nalinnes
Gerpinnes
Erquelinnes
649
Jeumont
10 km
Maubeuge
936
Louvroil
Beaumont
Fraire
Morialmé
Walcourt

Chaam
Oir-schot
Zundert
Meerle
Alphen
Hilvaren-beek
Safaripark
Middelbeers
Poppel
EINDHOVE
Baarle-Nassau
Vessem
Hoogstraten
Béguinages
Lage Mierde
Bladel-Netersel
Hapert
Rijkevorsel
Merksplas
Ravels
Reusel
Beerse
Turnhout
Arendonk
A67
Westmalle
Oostmalle
Abdij Van Postel
Postel
Zoersel
A21
Retie
Kasterlee
E34
Lille
Dessel
Lommel
Grobben-donk
Vorselaar
Lichtaart
Kempisch Kanaal
Herentals
Mol
Geel
Balen
A13
Nijlen
Herent-hout
Olen
E313
Albert-Kanaal
Leopoldsburg
Meerhout
Berlaar
Heist-op-den-Berg
Westerlo
Abdij van Tongerlo
Tessen-derlo
Berin-gen
Koers
Herselt
Abdij van Averbode
Averbode
Paal
Heusd
Zolde
Vlaanderen
Aarschot
Scherpen-heuvel
Diest
Tremelo
Rillaar
Lummen
Circuit van Terlaemen
Rotselaar
A2
E314
Bekkevoort
Halen
Herk-de-Stad
Herent
Tielt
A13
Leuven (Louvain)
Hasselt
Glabbeek
Kortenaken
BELGIQUE
Alken
Lubbeek
Nieuwerkerken
Kortessem
Linter
Butsel
Zoutleeuw
Wellen
St.-Truiden (St.-Trond)
E40
Tienen (Tirlemont)
Orsmaal-Gussen-hoven
Borgloon
Hamme-Mille
Hoegaarden
Gréz-Doiceau
Landen
Gingelom
Heers
Wallonie
A3
Jodoigne
Incourt
Chaumont-
Orp-
Hannut
Waremme

Best
Nuenen
Bakel-
-Milheeze
270
Ysselsteyn
D
E
F
A270
Deurne
Horst
Mierlo
Helmond
277
Sevenum
Geldrop
A67
Heeze
Asten
E34
Someren
Leenderheide
A2
Kn.
Maasbree
D E R L A N D
Tegelen
Leende
266
279
Meijel
Valkens-
waard
Maarheeze
Baarlo
Helden
Nederweert
Noordervaart
Kessel
69
Borkel
Budel
Beesel
Weert
Roggel
Achel
273
Hamont-
Zuid-
Willemsvaart
Haelen
Swalmen
Neerpelt
280
Overpelt
Lozen
Stramproy
Roermond
74
E25
Naturpark
Heel
271
Bocholt
Maas-Schwalm-
Kinrooi
Thorn
I
Ë
73
Bree
Montfort
Nette
Peer
Maasbracht
Poster-
holt
Karken
Meeuwen-
Opitter
Maaseik
Echt
A2
Waldfeucht
-Gruitrode
Neeroeteren
Houthalen-
Helchteren
78
Susteren
Opglabbeek
Dilsen
Born
Seltkant
2012
E314
As
75
Sittard
Zon-
hoven
A2
Eisden
56
Maas-
mechelen
Kn.
Kerensheide
Gangelt
Stein
Geleen
Bruns-
Open-
luchtmus.
sum
Genk
A76
Hoens-
broek
Zutendaal
Oud Rekem
Beek
Diepenbeek
Nuth
Heerlen
Lanaken
Meerssen
A79
Kerk-
rade
Hoeselt
Bilzen
Valkenburg
a.d.G.
Voeren-
daal
Herzogen-
rath
Landcommanderij
Alden-Biesen
Veldwezelt
Margraten
Simpel-
veld
MAASTRICHT
E25
Gulpen
Herderen
Riemst
Foreldorado
Mheer
AACHEN
Vaals
Tongeren
(Tongres)
Wonck
Eijsden
Plombières
Visé
(Wezet)
Juprelle
10 km
Dalhem
Aubel
Kelmis
Liège
Welken-
raedt
Herstal
A3
354

KARTENLEGENDE

18 26	Autobahn mit Anschlussstellen Motorway with junctions
	Autobahn in Bau Motorway under construction
	Mautstelle Toll station
	Raststätte mit Übernachtung Roadside restaurant and hotel
	Raststätte Roadside restaurant
	Tankstelle Filling-station
	Autobahnähnliche Schnellstraße mit Anschlussstelle Dual carriage-way with motorway characteristics with junction
	Fernverkehrsstraße Trunk road
	Durchgangsstraße Thoroughfare
	Wichtige Hauptstraße Important main road
	Hauptstraße Main road
	Nebenstraße Secondary road
	Eisenbahn Railway
	Autozug-Terminal Car-loading terminal
	Zahnradbahn Mountain railway
	Kabinenschwebebahn Aerial cableway
	Eisenbahnfähre Railway ferry
	Autofähre Car ferry
	Schifffahrtslinie Shipping route
	Landschaftlich besonders schöne Strecke Route with beautiful scenery
Alleenstr.	Touristenstraße Tourist route
XI-V	Wintersperre Closure in winter
	Straße für Kfz gesperrt Road closed to motor traffic
8%	Bedeutende Steigungen Important gradients
	Für Wohnwagen nicht empfehlenswert Not recommended for caravans
	Für Wohnwagen gesperrt Closed for caravans
Wartenstein *Umbalfälle*	Sehenswert: Kultur - Natur Of interest: culture - nature
	Badestrand Bathing beach
	Besonders schöner Ausblick Important panoramic view
	Ausflüge & Touren Excursions & tours
	Nationalpark, Naturpark National park, nature park
	Sperrgebiet Prohibited area
	Kirche Church
	Kloster Monastery
	Schloss, Burg Palace, castle
	Moschee Mosque
	Ruinen Ruins
	Leuchtturm Lighthouse
	Turm Tower
	Höhle Cave
	Ausgrabungsstätte Archaeological excavation
	Jugendherberge Youth hostel
	Allein stehendes Hotel Isolated hotel
	Berghütte Refuge
	Campingplatz Camping site
	Flughafen Airport
	Regionalflughafen Regional airport
	Flugplatz Airfield
	Staatsgrenze National boundary
	Verwaltungsgrenze Administrative boundary
	Grenzkontrollstelle Check-point
	Grenzkontrollstelle mit Beschränkung Check-point with restrictions
BRUSSEL	Hauptstadt Capital

FÜR IHRE NÄCHSTE REISE

gibt es folgende MARCO POLO Titel:

DEUTSCHLAND
Allgäu
Amrum/Föhr
Bayerischer Wald
Berlin
Bodensee
Chiemgau/Berchtesgadener Land
Dresden/Sächsische Schweiz
Düsseldorf
Eifel
Erzgebirge/Vogtland
Franken
Frankfurt
Hamburg
Harz
Heidelberg
Köln
Lausitz/Spreewald/Zittauer Gebirge
Leipzig
Lüneburger Heide/Wendland
Mark Brandenburg
Mecklenburgische Seenplatte
Mosel
München
Nordseeküste Schleswig-Holstein
Oberbayern
Ostfriesische Inseln
Ostfriesland/Nordseeküste Niedersachsen/Helgoland
Ostseeküste Mecklenburg-Vorpommern
Ostseeküste Schleswig-Holstein
Pfalz
Potsdam
Rheingau/Wiesbaden
Rügen/Hiddensee/Stralsund
Ruhrgebiet
Sauerland
Schwäbische Alb
Schwarzwald
Stuttgart
Sylt
Thüringen
Usedom
Weimar

ÖSTERREICH | SCHWEIZ
Berner Oberland/Bern
Kärnten
Österreich
Salzburger Land
Schweiz
Steiermark
Tessin
Tirol
Wien
Zürich

FRANKREICH
Bretagne
Burgund
Côte d'Azur/Monaco
Elsass
Frankreich
Französische Atlantikküste
Korsika
Languedoc-Roussillon
Loire-Tal
Nizza/Antibes/Cannes/Monaco
Normandie
Paris
Provence

ITALIEN | MALTA
Apulien
Capri
Dolomiten
Elba/Toskanischer Archipel
Emilia-Romagna
Florenz
Gardasee
Golf von Neapel
Ischia
Italien
Italienische Adria
Italien Nord
Italien Süd
Kalabrien
Ligurien/Cinque Terre
Mailand/Lombardei
Malta/Gozo
Oberital. Seen
Piemont/Turin
Rom
Sardinien
Sizilien/Liparische Inseln
Südtirol
Toskana
Umbrien
Venedig
Venetien/Friaul

SPANIEN | PORTUGAL
Algarve
Andalusien
Barcelona
Baskenland/Bilbao
Costa Blanca
Costa Brava
Costa del Sol/Granada
Fuerteventura
Gran Canaria
Ibiza/Formentera
Jakobsweg/Spanien
La Gomera/El Hierro
Lanzarote
La Palma
Lissabon
Madeira
Madrid
Mallorca
Menorca
Portugal
Sevilla
Spanien
Teneriffa

NORDEUROPA
Bornholm
Dänemark
Finnland
Island
Kopenhagen
Norwegen
Oslo
Schweden
Stockholm
Südschweden

WESTEUROPA | BENELUX
Amsterdam
Brüssel
Dublin
Edinburgh
England
Flandern
Irland
Kanalinseln
London
Luxemburg
Niederlande
Niederländische Küste
Schottland
Südengland

OSTEUROPA
Baltikum
Budapest
Danzig
Estland
Kaliningrader Gebiet
Krakau
Lettland
Litauen/Kurische Nehrung
Masurische Seen
Moskau
Plattensee
Polen
Polnische Ostseeküste/Danzig
Prag
Riesengebirge
Russland
Slowakei
St. Petersburg
Tallinn
Tschechien
Ukraine
Ungarn
Warschau

SÜDOSTEUROPA
Bulgarien
Bulgarische Schwarzmeerküste
Kroatische Küste/Dalmatien
Kroatische Küste/Istrien/Kvarner
Montenegro
Rumänien
Slowenien

GRIECHENLAND | TÜRKEI | ZYPERN
Athen
Chalkidiki
Griechenland Festland
Griechische Inseln/Ägäis
Istanbul
Korfu
Kos
Kreta
Peloponnes
Rhodos
Samos
Santorin
Türkei
Türkische Südküste
Türkische Westküste
Zakinthos
Zypern

NORDAMERIKA
Alaska
Chicago und die Großen Seen
Florida
Hawaii
Kalifornien
Kanada
Kanada Ost
Kanada West
Las Vegas
Los Angeles
New York
San Francisco
USA
USA Neuengland/Long Island
USA Ost
USA Südstaaten/New Orleans
USA Südwest
USA West
Washington D.C.

MITTEL- UND SÜDAMERIKA
Argentinien
Brasilien
Chile
Costa Rica
Dominikanische Republik
Jamaika
Karibik/Große Antillen
Karibik/Kleine Antillen
Kuba
Mexiko
Peru/Bolivien
Venezuela
Yucatán

AFRIKA | VORDERER ORIENT
Ägypten
Djerba/Südtunesien
Dubai
Israel
Jordanien
Kapstadt/Wine Lands/Garden Route
Kapverdische Inseln
Kenia
Marokko
Namibia
Qatar/Bahrain/Kuwait
Rotes Meer/Sinai
Südafrika
Tansania/Sansibar
Tunesien
Vereinigte Arabische Emirate

ASIEN
Bali/Lombok
Bangkok
China
Hongkong/Macau
Indien
Indien/Der Süden
Japan
Kambodscha
Ko Samui/Ko Phangan
Krabi/Ko Phi Phi/Ko Lanta
Malaysia
Nepal
Peking
Philippinen
Phuket
Rajasthan
Shanghai
Singapur
Sri Lanka
Thailand
Tokio
Vietnam

INDISCHER OZEAN | PAZIFIK
Australien
Malediven
Mauritius
Neuseeland
Seychellen
Südsee

REGISTER

Im Register sind alle in diesem Reiseführer erwähnten Orte und Ausflugsziele verzeichnet. Halbfette Seitenzahlen verweisen auf den Haupteintrag, kursive auf ein Foto.

> SCHREIBEN SIE UNS!

Liebe Leserin, lieber Leser,

wir setzen alles daran, Ihnen möglichst aktuelle Informationen mit auf die Reise zu geben. Dennoch schleichen sich manchmal Fehler ein – trotz gründlicher Recherche unserer Autoren/innen. Sie haben sicherlich Verständnis, dass der Verlag dafür keine Haftung übernehmen kann.

Wir freuen uns aber, wenn Sie uns schreiben.

Senden Sie Ihre Post an die
MARCO POLO Redaktion,
MAIRDUMONT, Postfach 31 51,
73751 Ostfildern,
info@marcopolo.de

IMPRESSUM

Titelbild: Antwerpen, Grote Markt, Brabo-Brunnen (Laif: Gonzalez)
Fotos: S.-C. Bettinger (130); BIFFF – Brussels International Fantastic Film Festival (14 o.); Brussels International: Olivier van de Kerchove (12 u.); Café d'Anvers (97 u. r.); CREPAIN BINST ARCHITECTURE NV: Filip Dujardin (15 o.); 40 Winks: Depics (15 u.); © fotolia.com: Matthias Nordmeyer (14 M.); R. Freyer (5, 48, 61); HB Verlag: Kluyver (28, 28/29, 34, 38, 86); Huber: Damm (6/7), Gräfenhain (66/67); Julian Ide (12 o.); In Fine (96 u. r.); Klimindoor: Kurt Voorspoels (97 o. l.); Carolien Krijnen Bike Tour (96 M. r.); Laif: Gonzalez (1); Pierre Marcolini; Xavier Haroq (13 o.), Planet Jump Rope (13 u.); D. Renckhoff (U. r., 2 r., 3 l., 4 l., 11, 20, 23, 30/31, 37, 41, 43, 45, 46/47, 51, 55, 65, 79, 80, 84/85, 88, 95, 98/99, 101, 131); T. Stankiewicz (4 r., 16/17, 29, 52); © iStockphoto.com: cofkocof (96 o. l.), Kristen Johansen (96 M. l.), Janet Rerecich (14 u.), ShyMan (97 M. l.); R. Stoops (70/71); Sweets Company: Peter Messely (97 M. r.); M. Thomas (U. l., U. M., 2 l., 3 l., 3 M., 8/9, 18, 22/23, 27, 32, 56/57, 58, 68, 73, 74, 90, 105, 116/117); Toerisme Antwerpen (77); Toerisme Vlaanderen: De Kievith (22), De Lausnay (62/63), DVT Mechelen (24/25); Tourismus Flandern: Himmer (92/93); Tourismus Flandern Brüssel: Rufenach (83), Westtoer (26, 102/103)

3. (10.), aktualisierte Auflage 2011

Chefredaktion: Michaela Lienemann (Konzept, Chefin vom Dienst), Marion Zorn (Konzept, Textchefin)
Autor: Sven-Claude Bettinger; Redaktion: Corinna Walkenhorst
Programmbetreuung: Silwen Randebrock; Bildredaktion: Gabriele Forst, Ruth Rehbock
Szene/24h: wunder media, München
Kartografie Reiseatlas: © MAIRDUMONT, Ostfildern
Innengestaltung: Zum goldenen Hirschen, Hamburg; Titel/S. 1–3: Factor Product, München
Sprachführer: in Zusammenarbeit mit Ernst Klett Sprachen GmbH, Stuttgart, Redaktion PONS Wörterbücher

Printed in Hungary. Gedruckt auf 100% chlorfrei gebleichtem Papier

> UNSER AUTOR

MARCO POLO Insider Sven-Claude Bettinger im Interview

Sven-Claude Bettinger lebt seit 1975 in Brüssel. Er kommt viel in Flandern herum und schätzt dort Kultur, Kunst und Küche.

Sie fahren seit 1975 immer wieder nach Flandern. Wie ist es dazu gekommen?

Ich bin 1975 nach Brüssel gezogen, um als Belgien-Korrespondent zu arbeiten. Also auch in Flandern, dem nördlichen Landesteil des Königreichs, der ja gleich vor der Haustür liegt.

Wie geht es Ihnen dort?

Sowohl die reiche alte Architektur und Kultur als auch die neuesten Trends in Design, Gastronomie oder Mode faszinieren mich. Das Angebot an Ausstellungen, Konzerten, Tanzaufführungen und Shoppingmöglichkeiten ist gigantisch. Was will man mehr?

Sprechen Sie Niederländisch und Französisch?

Ich spreche seit meiner Kindheit Französisch. Niederländisch habe ich kurz nach meiner Ankunft in Brüssel gelernt, und zwar mit deutscher Gründlichkeit: vier Jahre lang Niederlandistik-Studium an der Freien Universität Brüssel. Dank der Niederländischkenntnisse gehen in Flandern viele Türen auf, verstehe ich viele Dinge viel besser. Jede Sprache bedeutet ja eine ganze (Kultur-)Welt.

Wo und wie leben Sie genau?

Wie gesagt in Brüssel, in einem Bürgerhaus mit großem Garten, in unmittelbarer Nähe eines riesigen Parks. Dennoch bin ich mit der Tram in fünf Minuten am Südbahnhof und in einer halben Stunde zu Fuß auf der Grand' Place.

Was machen Sie beruflich in Flandern?

Ich bin Korrespondent für die deutschen Funkanstalten. Meine Themengebiete sind belgische Politik und Geschichte, mein besonderes Augenmerk gilt der gesamten Kultur. Da ich gern koche und esse, freue ich mich über die Mitarbeit an der Zeitschrift „Der Feinschmecker", und mit Begeisterung habe ich auch ein Buch über den Jugendstil in Brüssel geschrieben.

Was tun Sie in Ihrer Freizeit?

Ich liebe die Gartenarbeit, gehe jeden Tag mit meinem Greyhound spazieren, sammele zeitgenössische abstrakte Kunst und besuche deshalb regelmäßig Galerien, lese viel, höre klassische Musik – und ich bin auch noch Italien-Fan.

Mögen Sie die flämische Küche?

Besonders begeistert bin ich von einigen jungen Küchenchefs, die postmolekular kochen – leicht und mit saisonalen und regionalen Produkten wie frischen Kräutern aus dem eigenen Garten. Die feinsten flämischen Delikatessen sind für mich die Austern von Oostende und der Royal Belgian Caviar aus Turnhout.